考える衣服

類人猿は「道具」をつかい、
人へと進化した。
衣服は「考える」ことで、
何に進化するのか？

TAKEHIKO SANADA
眞田岳彦

衣服とは？

「衣服とは何か……」と、あらためて考える人は少ないでしょう。しかしそれが「ファッションとは……」になると、とたんに関心を持たれるような気がします。でもそれは衣服に限ったことではありません。「図案」と呼ぶよりも「グラフィック」と呼ぶほうがアーティスティックな画像を思い浮かべるなど、日本語とカタカナ英語とでは印象が異なる例が多いようです。なぜこうも印象が異なるのか、衣服とファッションの間には何があるのだろうかと、すでに衣服の仕事をしていた二十代の頃から考えていました。そして、「陶芸」を「セラミック」と呼び、「家具」を「インテリア」と呼ぶことから考えてみると、これは日本の産業社会がこれまでとは異なる新しい産業イメージを作りあげるために必要としてきたことだろうと理解し始めました。「衣服」を英語にすると「クロージング」になりますが「衣服」をカタカナ英語にする場合には「ファッション」が一般的です。「ファッション」には「流行」という意味があり、同時に「ハヤリの服」、「ハヤリのモノ」という意味まで網羅し「ハヤリ＝今、時代、先端、新しい」というイメージとともに浸透しています。その意味では「ファッション」というものは「衣服」とは異なる、もっと過激なもの、あるいは、限られた人が知りうる情報、他人から凄い！と思われるようなニュアンスを持った新領域を指すために作り出されたのかもしれません。二十世紀の日本の衣服産業社会は、日本語をカタカナ英語に変換することで、それまでとは異なる新しいイメージを人々に与え、新たな暮らしのための物作りを行い二十一世紀を目指してきたのだと思います。

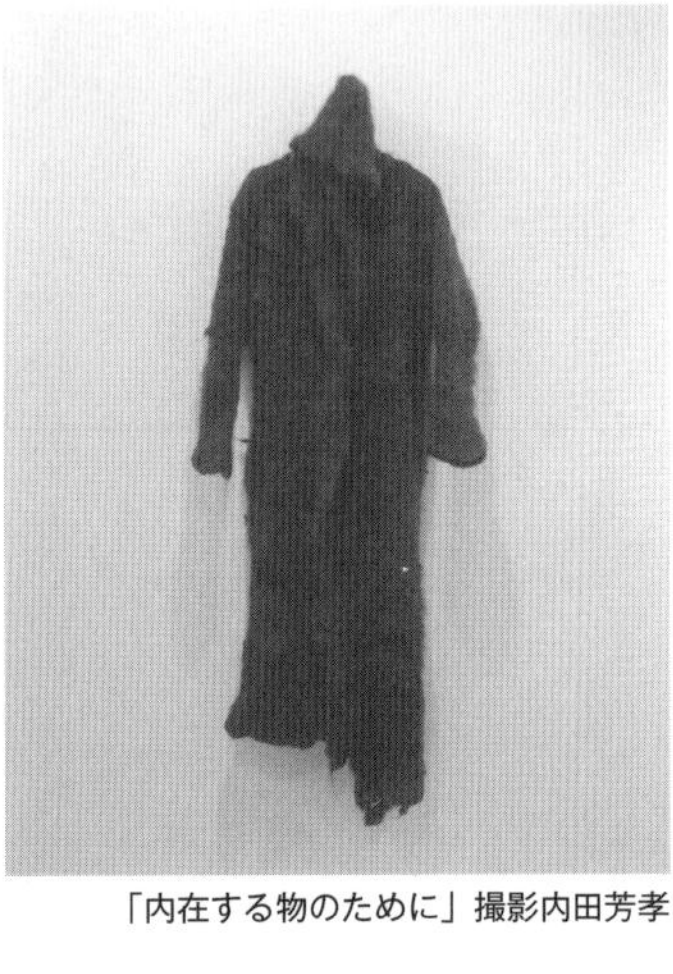

「内在する物のために」撮影内田芳孝

衣服の造形と考える衣服

「ファッション」と「衣服」は同じでありながら異なるもの。二十代の頃そう考えた私は、今「衣服造形家」として仕事をしています。では、「衣服」と「造形」を合わせ持つことで、多くのデザイナーが二十世紀のファッションとして進めてきた「人々のより豊かな暮らしのための衣服」を、どのように推し進めて行けるのでしょうか。「造形」とは、人が手で物を生み、伝えることを言います。ラスコー洞窟などを見ますと、約二万五千年前の人はすでに絵を描くことで何かを伝えようとしていました。そして今日では、「造形」は、単に物を作るという意味にとどまらず、何をどう作りたいかを考えて物を作ることを指すようになりつつあると思います。つまり「衣服の造形」とは、衣服を作る時に何かを考えてみること、もしくは、何かを考えて衣服を作ってみることを言うのだと思っています。「考える衣服」……何やら難しく感じるかもしれませんが、例えば「今日は何を食べようかな」と毎日考えることと同じです。意識的に考えたことに限らず、ふと感じたこと知りたいと思ったことなど、何かを考えたその先に私の衣服や造形作品も生まれています。自然界から食物を得るだけの生活をしていた類人猿がある日突然何かを思い、手で物を作った。その時から類人猿は人間という動物に変化したと言われていますが、さて、衣服は「考える」ことで、人々の暮らしをより豊かに変化させてゆけるのでしょうか？この本では、そんなことを皆さんと一緒に考えてゆきたいと思っています。

第一章

織維

fiber

繊維のイメージ

「衣服」という言葉がそうであるように、「繊維」というこの言葉もあまり一般的ではない気がします。しかし、繊維質の食物とか、繊維飲料とか、繊維野菜など、「繊維」に他の言葉をプラスしてみると途端にイメージしやすくなり、「ああ、あれが繊維か」と思うのではないでしょうか。そう、この「あれ」こそが「繊維」です。さらに「繊維」を「ファイバー」というカタカナ英語にすると、また異なるイメージが生まれます。極細の糸のようなイメージや科学的、医学的なイメージが広がります。人のイメージとは言葉によって大きく左右されるものだとあらためて思います。また、「繊維」は人が手を加えることによって様々な変化を見せます。例えば植物や動物の「繊維」を束にして捻ると糸になります。人は細い「繊維」を束にして、糸にして、布にして、身に纏い、一万年以上も生きてきました。

繊維とは

さて、繊維＝ファイバーにはどのようなものがあるでしょう。身近な木綿の縫い糸から始まり、スペースシャトルや宇宙探査機に使用されているものまであると聞きます。皆さんも、この本から目を離して身の回りを見てください。すると繊維や繊維の束、繊維が固まってできているものなど、沢山の繊維があることに気がつくかもしれません。例えば、紙、ノート、電線、コード、ハリガネ、炭素繊維のボード、木材、Tシャツ、Yシャツ、ズボン、靴下、靴、焼肉、サラダ……。あらためて見ると、人は無数の繊維にお世話になりながら生きてきたのがわかります。今、私が

ヒロロ草

パソコンを打てているのも、指の筋肉や神経などの繊維のおかげです。そう考えると、繊維の種類の多さとその働きは凄いものだと思います。では、繊維とは何でしょう？どんな特徴があるのかを考えてみます。まず、私の経験からお話します。私の展覧会で作品横に「触らないで下さい」という札をつけることがあるのですが、それでも必ず三人に一人は隠れてでも触ります。触れたからといって何が起こるわけでもないのですが、触ったあとで「ああーこれね」「知っているわ」というようなリアクションをとるのです。それは、視覚だけでなく触覚が加わることで情報が伝わり、さらに記憶と照合して認知するという回路を辿っているということなのかもしれません。

また繊維は柔軟で加工しやすいものが多く、これも大きな特徴となっています。例えば和紙も繊維からできていますから、立体に沿わせれば立体の通りの形に変形させることが可能です。衣服では、下着やジャケットなど、カットして縫い合わせれば、柔らかく立体的な形態を作り出すことが可能となります。皆さんは毎日当たり前に着ているかもしれませんが、シャツも、セーターも、ズボンも、上着も、柔軟に曲がり伸縮して、身体に沿いながらも抵抗感が少ないからこそ、自分の体の一部のようにさえ思えるのです。これが衣服であり、繊維というものなのです。さらに凄いことに、捻るだけで強度が増します。例えば糸にするときも、接着剤などを使わなくても、いくらでも長く繋げることができます。さらにそれを束ねると、巨大な橋を吊ってしまうほどの強度を持つまでに変化してゆきます。また、天然繊維だけではなく、人の手から作り出せる繊維もあります。例えばプラスティックの塊のようなものを細い繊維状にした繊維なども多くあり、触感も様々に変化し用途も広がっています。そして、スポンジやスニーカーのクッション材などのように衝撃を吸収する素材へも繊維は応用されています。この特徴があるために、衣服や布だけでなく、家や車、ビル建設や飛行機、工作機械や携帯電話などあらゆる物の中で活用されています。私たちが食べるステーキや野菜、魚なども、言うならば繊維からできていますし、「人」そのものも繊維からできていると言っていいのではないでしょうか。筋肉や神経などもそうですし、物理の世界では、すべてのモノは粒子ではなく紐からできているという「超ひも理論」も存在します。極小の環のような紐が元となってすべてのモノが成り立っているのではないか、という理論です。このような繊維の凄さ、面白さを知ることで、私は作品の広がりを感じてゆきます。

毛並みの違いは育ちの違い

若い頃、私はリュック一つ背負って様々な国へ行き、様々な人や自然に触れてきました。そのような中で「生命とは何か？」について考えさせられる場面に幾度も出会いました。衣服の仕事をしている者の視点から、その国の人たちの身体、髪の毛、衣服に関心を持つことが多く、そこから生命と身体についても考えるようになりました。各地を歩き、知らない生物や知らない自然に出会うたびに、なぜ皮膚の色が異なるのか？なぜ目の色が異なるのか？なぜ表皮に毛がある動物とない動物がいるのか？なぜ動物の体毛には柄や色彩が発生したのか？などいろいろな事を考えるようになり、それが現在も行っている獣羊毛を使用した作品制作に繋がっています。

獣羊毛の作品を作る際には、皮膚の下に隠れた筋肉のつき方や、内臓のあり方、また毛並みなどの違いを知ることが重要になります。動物の毛とは、単に同じように皮膚から生えているわけではなく、動物の種類や動物の体のどこに生えているかによって違いがあり、実に多様です。例えば、海の動物と陸の動物では毛並みが大きく異なります。陸の動物の毛並みは、風雨の影響を大きく受けているように感じます。当たり前ですが、動物たちは雨の日でも傘をささずに外を歩きます。もしも人間が裸で雨の中を歩けば、きっと薄っすら生えている体毛に沿いながらも、ほとんどの雨水は突起部分（鼻、耳、もしくは指先、曲げて歩く肘など）に一度溜まり、そこからポタポタと滴り落ちます。そして、目も、鼻も、口も、肌も、全身が一気に濡れてしまうでしょう。しかし、四足歩行をする動物は、背中を中心に毛並みが左右に分かれ、雨はそれに従って身体の左右に流れ、そこから四肢へと流れてゆきます。足の付け根の毛並みは少し内側に回りこみながら下へ向かって流れているため、水はゆるやかに肢を伝って陸地へ到達することになります。また、動物の頭部の毛にも流れがあり、顔面から体に向かって流れているので、これも追いかけてみると面白いと思います。こうした毛並みは動物の種類によって微妙に異なり、気候風土や生活環境、行動によっても違います。様々な環境に適応できる毛並みや皮膚を持つことが、動物の生存における大きな課題であるように見て取れます。

私のスタジオを訪れる方は大抵驚かれるのですが、部屋の片隅には、大昔の虎の毛皮をはじめ、アザラシ、カンガルー、アラスカで購入したトナカイ、銀狐、狸やブラジルの巨牛の毛皮などの動物の毛皮が掛けられています。動物保護の観点から見れば、毛皮の収集はあまりよろしくないものだと思うのですが、作品制作のため、生命とは何かという問いかけを続けるため、大切な資料として利用させてもらい、年に何回かは油を塗って手入れをして、獣毛たちに感謝を述べている次第です。

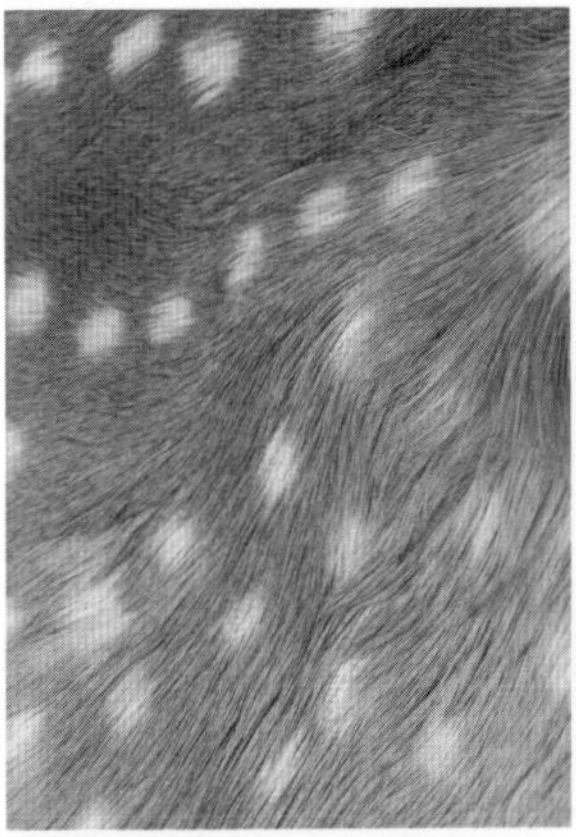
シカの毛皮

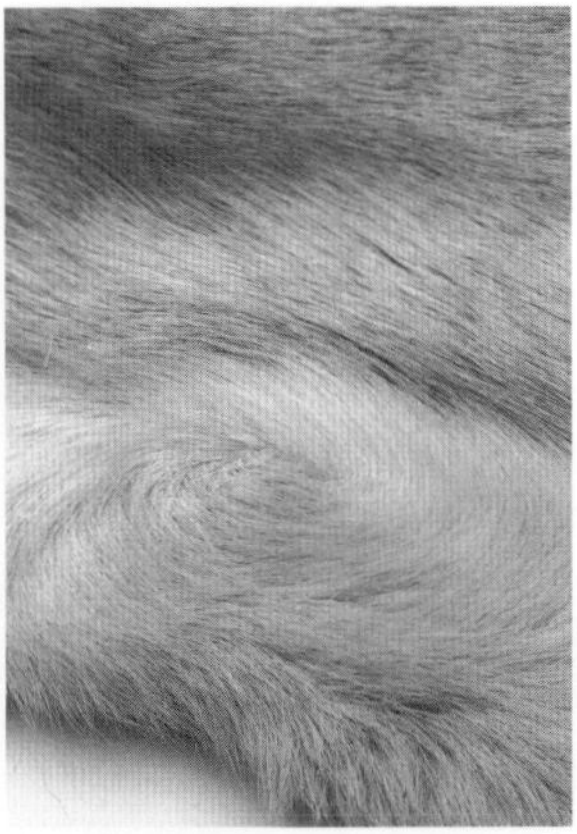
トナカイの毛皮

獣羊毛をつかう

私は二十九歳の時にイギリスに渡りました。それから三年間は一度も日本には帰らず、ロンドンに暮らすことになります。現在、作品の素材として羊毛を最も多く使用するようになったのも、イギリスで羊毛に出会ったのがきっかけでした。羊毛を使い始めるようになった理由は二つあります。一つめは、皮膚と同じ成分のケラティンから作られているということ、二つめは、手で糸を紡げるようになりたいと思っていたことと、羊毛が安価だったという理由からでした。生命や身体の象徴としての作品を制作してゆきたいと思っていた私にとり、皮膚と同じ成分から生成されている獣羊毛は、まさしく適合した素材となりました。また、当時のロンドンでのアート関係の仲間たちは資金のない学生ばかりで、合板や廃棄物など安価な材料を用いていましたが、私自身もぎりぎりの生活をしていましたから材料費にお金をかけるわけにはいきません。そこで選んだのが羊毛でした。イギリスではロンドンを少し離れるだけで、電車の窓からも緑の丘に点々と散らばる羊たちが見えます。羊毛はイギリスではとても容易く安価で手に入る素材でした。そして、現在、獣羊毛を作品の素材にして制作している作品のコンセプトベースは、イギリスから日本に帰国する前に滞在したグリーンランドにあります。ある村で狩人の死と遭遇し、狩人が生前に狩ったであろうアザラシの毛皮が、彼の家の前に吊るされて揺れている光景を見た時から、生命とは何か?身体とは何か?を探求する制作の旅が始まりました。

世界には、羊が、三千種類以上、十万頭以上もいると言われています。もちろんその種類ごとに毛質も異なります。山岳の寒暖の差が大きな地域に生息する羊の毛質は、一定の体温を保つためにクリンプ（毛のウェーブ）が多くなり、極寒の地の羊は二重構造のような毛で、外側のヘアー（髪の毛のような毛質）は雪や雨などの

「開封」

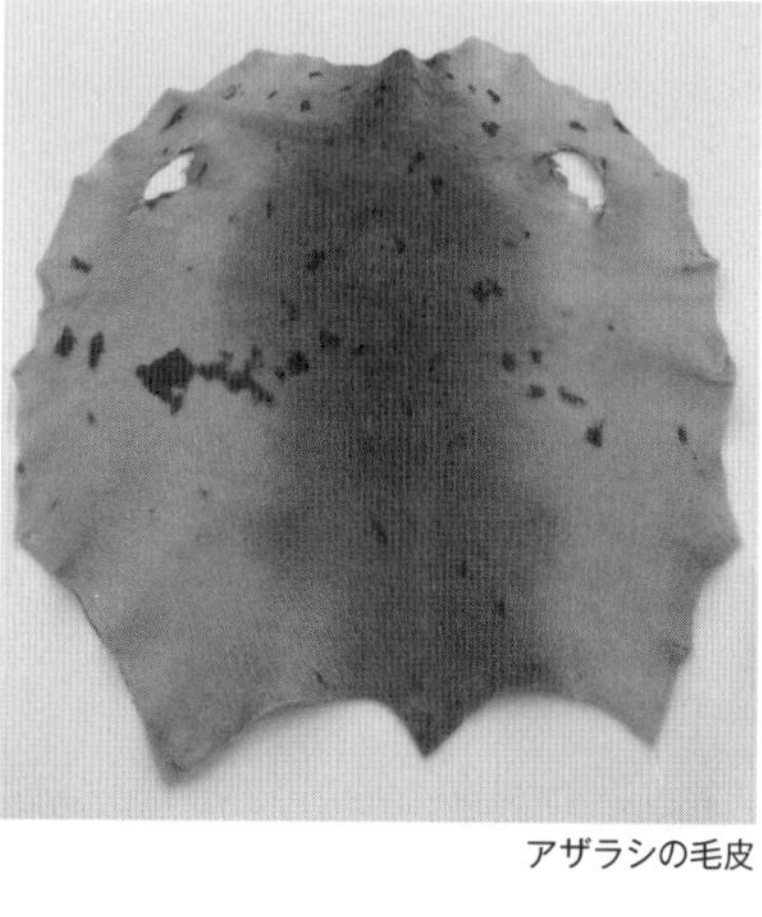
アザラシの毛皮

厳しい環境下に耐える役割を担っていて、身体に近い内側の毛は細い毛質になっており体温を逃がさない構造になっています。このように特徴のある羊毛を紡ぐと表情のある糸となり、これを編んだり織ったりすれば面白いセーターや布になります。

私がフェルト作品を制作する場合には、作品に合った羊毛の特定と混合が重要な鍵となります。サイズの大きな物を制作する場合は、縮みの少ない毛質や短時間でフェルト化するもの、また、吊るして展示するような作品の場合は、引っ張りに強い毛質を混合しカーディングをします。羊毛の使い方にマニュアルがあるわけではありません。何十回、何百回と制作をするうちに、自分なりの混合や相性がつかめるようになってきました。先ほども書いたように羊毛は、私たち人間の皮膚を構成しているケラティンという成分と同じ成分からできています。動物の身体の一部であった獣羊毛を使い、自分の手で新たなモノを形作る。それは、私が新たな身体・生命を作り出すという象徴的意味を持ち、私の中の考えを多くの人に見てもらい、問いかけるという重要な役割を果たしています。

衣服や布を造形、デザインする場合には、自分の手で糸を紡げるということが基本であり重要と考えています。例えばパティシエが、生クリームを泡立ててホイップクリームを作りオリジナルの舌触りを作り出すように、また彫刻家が石を砕き木を曲げて作品を制作するように、衣服を作る私は、自らの手で糸を紡ぎ、布を作り出せることが基本にあるべきではないかと考えています。それらの実体験やその積み重ねから来る「感」や「勘」が、モノを作る場合には重要で、そこから造形作品もデザインも生まれてくるのだと思っています。自分の身体による実体験を持つクリエーターこそが、他人との関わりや環境との関わりから時代が必要としているものを見出し、時代と感覚を共有できるモノを作り出せるのだと思います。

第2章

yarn and fabric

糸と布

糸のことば

繊維から糸を作り出す方法は幾種類かありますが、すべてにおいて共通している動きは「捻る」ことです。ネジル（捻る）とヒネル（捻る）は、現代では同じ漢字を当てていますが、私はなんとなく、ヒネルを繰り返すことがネジルなのかもしれないと思っています。そして繊維の世界には、この捻る行為を基本とした、ウム（績む）、ナウ（綯う）、ツムグ（紡ぐ）、ヨル（縒る）、ヨル（撚る）などという言葉があります。績む、綯う、紡ぐなどの言葉の違いは、原料の違いから生まれた加工行為を言うのだと私は考えています。「績む」の代表的な繊維は、植物の苧麻や大麻などです。「綯う」は藁など、「紡ぐ」は木綿や獣羊毛などワタ状の動植物繊維を糸にする時に使います。ではもう少し違いを説明しましょう。

「積む」……長さ大体一二〇センチから一五〇センチぐらいに切り揃えた植物茎から内皮を取り出し、その靭皮を細く引き出します。一ミリにも満たない細い繊維の端を二つに分け、それぞれの端をY字に分けて、これらを一本に捻り合わせてゆきます。昔の人はこの繊細な作業を五秒から十秒もかけない速さで行っていました。現在もまだ行える方々がいるようですが、その技術を伝承する人は少なくなっています。

「綯う」……両手の手のひらを擦り合わせるようにしながら行います。よく目にするのが、藁を綯う姿です。綯うという加工法は、いっぺんに二本の糸を捻りながら二本を撚り合わせるという凄い手法です。二本の繊維を左手と右手に挟んで、手を前後に擦り合わせて二本にネジリを加え、それを前後入れ替えるようにしながら二

綯う：自家製稲藁の注連縄

本を撚り合わせてゆきます。私のスタジオのスタッフやゼミの学生たちは、年末になると藁を綯って注連縄を作り、自家製の注連縄で新年を迎えています。

紡ぎだす

さて、さらにもう一つ「紡ぐ」という行為があります。紡ぐとは、ワタなどの繊維を細く引き出す行為を言います。ワタ状の繊維を手で捻りながら引き出してゆくことで、長く、均一な、切れない引き出しが可能となり、糸が作られてゆきます。この「紡ぐ」という行為は、考古学などによるとすでに七千年以上もの歴史があるようです。しかし、それ以前に誰かが糸を作る方法を考え出し、羊毛などに捻りを入れていたのは確かです。というのは、紀元前五千年頃に描かれたエジプトの壁画に紡錘（スピンドル）によって糸を紡いでいる様子が描かれているからです。紡錘が使用されているということは、すでに道具の発明にまで至っているということで、それ以前には、道具を使わない時期が相当長くあったと想像することもできます。例えば、羊毛などは繊維を少し取り、ひざの上で転がすように捻りを入れるだけでも糸になります。また、両手で綯うように前後に擦り合わせると、それだけでも長い糸が作られてゆきます。そのような手だけの行為を繰り返し製作ができているうちは、その行為で充足して、何かの道具に置き換えようとは、なかなか考えが及ばないでしょう。そう考えると、七千年以上前にも道具を使わず手だけで糸を作り出していた期間が相当長くあったのではないかと想像できます。

紡錘という道具は世界各地にあり、不思議なことに世界中ほとんど同じ形態をしています。しかもすぐに手に入る素材で簡単に作ることができ、慣れてくると手で

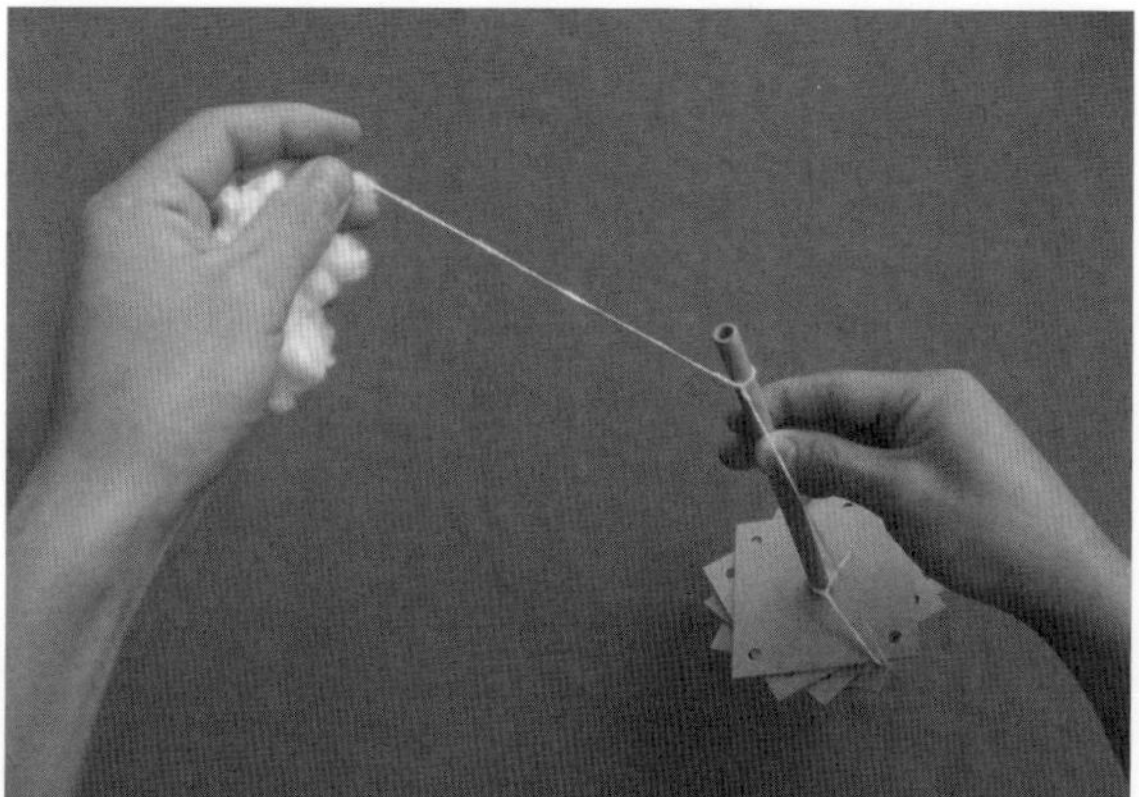

紡ぐ：スピンウィーブ

作るよりも何十倍もの早さで糸を紡ぐことができます。世界各地の人々は、このような紡錘という道具を使い、それぞれの気候風土から産出された繊維素材を紡いで糸を作ってきました。日本でも弥生期以降には、紡錘が使われるようになったようです。人間はある道具を発明すると、それをより便利により楽に使えるように進化させ、大量にものを作り出せる更なる道具を発明しようとします。紡錘のあとには、車（輪）を組み合わせた紡ぎ車と呼ばれる道具を作り出し、より早くより均一に大量に糸を作り出すことが可能になり、手仕事で作る不均一でボコボコした糸は加工品として価値が低いものとされる時代も訪れました。

先日、私は紙製のスピンドルを作りました。ひとつだけ作ったというのではなく、デザインプロダクトとして製作をしました。これは二〇〇七年から開催している「セタガヤーンプロジェクト」のために製作をしたスピンドルで「スピンウィーブ」という名前をつけました。セタガヤーンプロジェクトは、せたがや文化財団の生活工房と三年計画で行っている「綿」を主軸に据えたデザイン＆アートプロジェクトです。生活や日常の暮らしを振り返り、心豊かな暮らしを見つけようというコンセプトのもと、世田谷区在住の皆さんや世田谷区内の小中学生と一緒に綿の苗を植えて、収穫した綿を自分たちで紡ぐという企画を行いました。そこで、このオリジナルのスピンドルを皆さんに使っていただきました。コンパクトで軽くて、カバンに入れて気軽に持ち運べるスピンドルなので、手にした皆さんが旅先へと持ってゆき、日本や世界のどこかで何か素材と出会ったときに糸を紡いでくれたら……と願っています。また、この紙のスピンドルは糸を紡ぐだけでなく紐も織れるようにしました。紐と聞くと、デパートやブティックなどで商品を包装する時に使う紐や、荷造りに使う紐を思い浮かべるかもしれませんが、紐はいろいろな種類があり、例えば組む「紐」と呼ばれるものは、もともとは奈良時代に中国などから渡来したもので、経

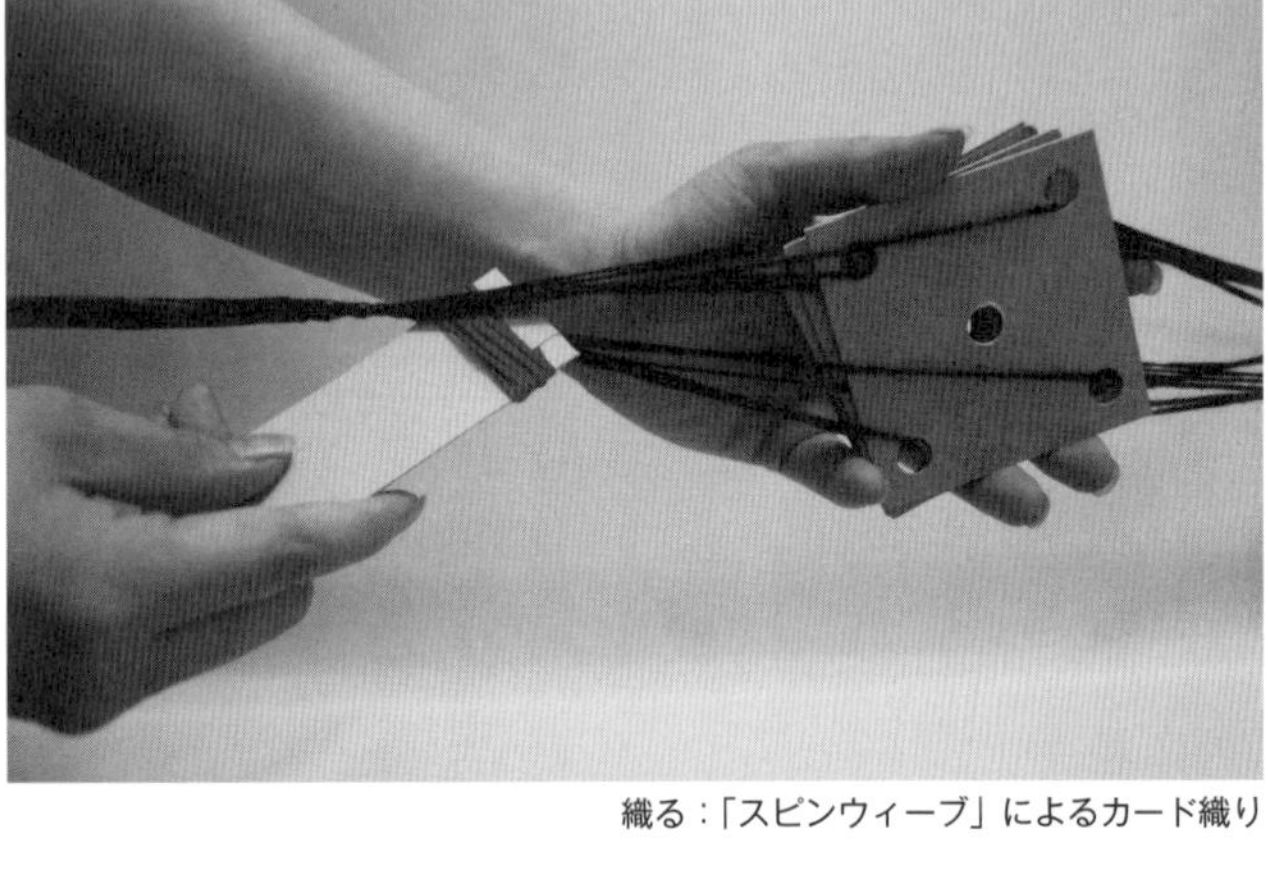

織る：「スピンウィーブ」によるカード織り

典や袈裟などに用いられていました。高度な技術によって組まれた紐が日本に渡来し、奈良周辺で製造が始められたようです。もちろん、それ以前から木の皮や撚り合わせた糸などが、何かを結ぶために使用されていたと思われますし、縄文時代には衣服を結ぶための紐が織られていたようです。一口に「紐」といっても組む紐や織る紐、編む紐、撚る紐など多様な表情があったようです。エジプトでは、紀元前四千年ぐらいの彫像が紐の帯を締めていることから、この頃から紐が作られていたのではないかと言われており、糸が紐へ変化し、紐の幅が広がり布へ変化していったことは、順当な変化であったようにも思えます。

この「スピンウィーブ」は、カード式という手法で紐が織れるようになっています。カード式というのは、古来ヨーロッパなどで行われてきた手法の一つで、数枚の平たい板に穴を開けて糸を通し、横に別糸を通しながら紐を織り上げてゆきます。カードの枚数を増やせば紐の幅が増えてゆき、もしも数十枚使用するならば、それこそ細幅の布のようなものが織り上がってゆきます。平たい板は、織り機の操行通しと同じ役割となるのです。なぜ「スピンウィーブ」を紡ぐだけの道具にしないで、カード織りもできるようにしたのか……それは、繊維から糸を作ったら、次はその糸を何かに使いたくなり、そこからまた何かを作りたくなったりするものだからです。皆さんも是非この「スピンウィーブ」を試してみて下さい。

一本の糸が布になる

「糸」という字は、中国から渡来した象形文字です。繭から繊維を取り出し、撚りをかけている様子を表していると言われています。ここから考えれば「糸」という文字は絹を表していることになりますが、絹以外の繊維を撚り糸としたものも「糸」であり、世界では各地で産出される繊維によって様々な糸が作られてきました。例えばインド周辺は木綿が古くから使われ、ヨーロッパでは羊毛が使用されてきました。日本はというと、かなり長い期間、木の皮や植物の靭皮などで糸が作られてきました。では、「糸」を「布」へと変える手段について見てみることにしましょう。

日本では苧麻や大麻などから糸が作られ、これを「布」と言われる物にする手段として「編組（へんそ）」という技術が古くから行われてきました。「編組」とは字のごとく、「編み、組む」ということです。日本では「竹を編む」と言い、「紐を組む」と言います。素材により編組技法が異なるのではなく、昔はほぼ同様な意味で使われてきたようにも感じ取れます。繊維や糸などの細いものを交差させて作る布作りが、日本では約六千年前から行われていたようです。新潟で伝承されている編布（アンギン）はそのひとつで、人々は生活範囲内に自生していた苧麻（カラムシ）を刈り、編み具を使用して布にしていたようです。「編む」という手段は、技法的に大きな道具を必要としないのも利点です。例えば指だけでも編めますし、その辺りにある木の枝を使っても編むことができます。このように「編む」という方法は、人にとってとても容易く気軽な方法であったことが想像できます。糸を編むということは「線」から「面」への変化を可能にした凄い発見ですし、その発見のおかげで、人間は、身体を包むための衣服を作り出せるようになったわけです。そして、面状のものを人工的にいくらでも大きく広く作り出せたことで、衣服だけではなく暮らしそのものが大きく変化したのではないかと想像できます。もしかすると「布」は、現在よりもかなり重要な器材や道具として人々の暮らしを支えていたかもしれません。

編む：ヒロロで作られた蓑

水と摩擦がつくる布

人間が古くから手にしていたであろう布には、編布（アンギン）のほかに獣羊毛を縮絨した布、フェルトがあります。人と羊の関わりの歴史はとても古いようで、日本に現存する羊毛素材の布で最も古いものは、正倉院にある花模様の絨毯（フェルト）であると言われています。

フェルトは羊毛の特性によって作られます。まず、平面にぎっしり並べた羊毛に、アルカリ性の溶剤を混ぜたお湯をかけます。そして、圧力をかけて叩いたり転がしたり、擦ったりしていると、繊維と繊維が絡み合い一枚の布に作られてゆきます。一度フェルトしてしまうと二度と元には戻りません。洗濯の時に間違ってセーターを洗濯機に入れてしまった時など、縮んで小さく固まってしまうことがありますが、あのような状態と同じです。また、モンゴルなどでは、パオと呼ばれる住居にフェルトを使います。柳の木で骨組みを作り、屋根も壁も厚いフェルトで被います。モンゴルでは、丸太にウールを巻きつけ、水分を与え、そして、馬に一日中引かせることで、厚くてしっかりとしたフェルトを作ると聞いたことがあります。フェルトは、縦糸も横糸もなく繊維が方向性を持たずに絡み合っており、皮膚の組織と似ているため、私は皮膚や身体を象徴した作品を作る際によくこの技法を使います。

羊毛とフェルトは、近代まで日本ではあまりみられることがありませんでした。また、羊が中国から日本に贈られたという記述もありますが、珍しい動物として鑑賞されただけで、本格的な飼育は始まりませんでした。高温多湿気である日本の気候や自然環境が、羊の飼育には適していなかったため、羊の飼育も羊毛の繊維文化も発展しにくかったようです。

第3章

色と光

color and light

白が意味するもの

白は色なのか?と聞くと、多くの人は「色でしょう」と答えるのではないでしょうか。しかし、白と黒は「色」とは言わないようです。光三原色とされる三色は、電磁波の異なる赤緑青(RGB)で、赤+緑+青=白になります。もちろん光は三色だけで作られているのではなく、赤、緑、青の三光を感じる細胞が網膜にあり、それに光があたるとそれぞれの細胞を刺激し、視神経を通して脳に送られて、その三光の割合によってその光が何色なのか知覚します。そして三つの光を感じる細胞が同程度に刺激を受けると白色に知覚するようです。それら細胞への刺激の程度により、我々は物の像を視覚で捉えています。私たち人間は、電磁波長でも一秒間に約三五〇兆回振動する赤から約七〇〇兆回振動する紫までの電磁波しか可視光線として認識できませんが、昆虫や動物の中には、それ以外の紫外線と呼ばれる範囲までも認識できるものもいるようです。同じように聴覚や嗅覚も人が認識できる範囲は狭く、他の生物が感覚する範囲が広い場合も多くあると言われています。人間の視覚器官は約二億年前から発達したと言われ、他の五感と言われる身体感覚器官とは発生が異なるようです。例えば、視覚は大脳の神経が直接外界の情報を認識する器官として発達してきたそうです。最初は光を感じる程度だった大脳器官が次第に形態や色彩の認識を可能としてきたと言われ、二億年たった現在我々が持つに至った「目」という感覚器官になったとも言えます。

色光が重なると白光になると言いましたが、白というよりも透明になります。また、空間に物体があるのを認識できるのは、物体にはそれぞれに波長があり、その物体の波長が跳ね返す光が色として知覚しているからだと言われています。要するにすべての光が重なり合う空間は透明に見えているが、すべての光を吸収することができない物体がある場合には、色光が跳ね返り、私たちはその物体の色として認識しているのだということです。つまり、白に見える物体とは、すべての光を反射している物体と言うことで、言い換えれば、人が鏡や水、そして白のような光を反射するものに纏われるならば、人は透明になれるということかもしれませんし、ニュートラルな存在になれるという意味かもしれません。

黒と光

光の三原色は赤緑青ですが、色の三原色は、黄色、赤紫（マゼンダ）、青緑（シアン）を指し、これらから他の色を作ることができますが、黄色＋赤紫（マゼンダ）＋青緑（シアン）＝黒となります。

私のデザインの中に「プレファブ・コート」というシリーズがあり、シリーズ最初の作品は、黒で制作しました。プレファブ・コートは、デザイン評論家・柏木博さんキュレーションによる「E-12　生きるためのデザイン」と題した展覧会のために制作した作品です。この展覧会は二〇〇〇年に日本とカナダで開催され、それぞれの国の三領域（プロダクト、グラフィック、ファッション）のデザイナーと思想家（哲学者、評論家、学者等）が組み、二十一世紀に人類が抱える社会問題に対してデザインは何を処方箋として提案できるのかを考え、作品にするというものでした。私はその際、哲学者の鷲田清一さんと組ませていただき、いろいろな勉強をしながら社会問題とデザインの役割について考えました。鷲田さんと多様な問題を話しあい検討する中で、社会問題は非常に強固で根深く、上辺だけの解決方法を提示しただけでは、人々や社会のものの見方や考え方を変えるきっかけを作ることは

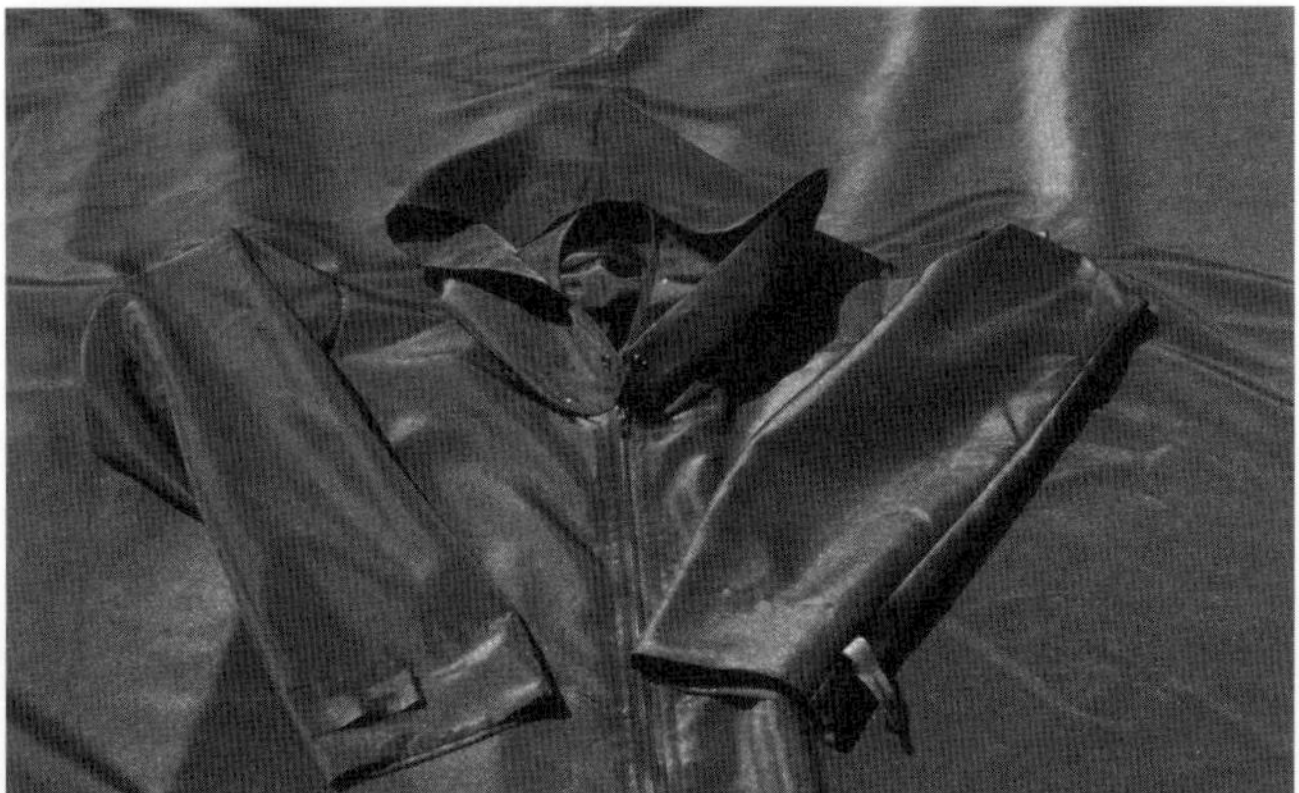

「プレファブ・コート B.L」

できないだろうという考えに至り、私は「衣服の解体」、鷲田さんは「言葉の解体」を試みて、そのコンセプトから制作したのが、音と衣服が相互に共鳴する作品でした。この作品の思索を重ねていた中で、私は「黒いコートを人の象徴とし、これを平たく開くということを人の内面を切り開き解体することと捉え、そのように自分たち自身のすべてをさらけ出し合うことで、新たな身体性と概念を生むことができるのではないか」という考えを提案しました。黒という色を選んだのは「すべての光を受け入れる色」だからです。「黒はすべての光を跳ね返さない色」と言い換えることもできます。例えば、赤に見える物体は、その物体自体の持つ色（電磁波長）は赤以外であり、自分が受け入れることができない色（電磁波長）として赤を跳ね返しているということになります。その際に私たち人間の目が受け入れたのが跳ね返された赤であり「あの物体は赤である」と誤解して見ているということになります。そして、黒く見えるものは、すべての光（電磁波）を受け入れる物体であり、跳ね返す光がないので目には黒く映るらしいのです。「らしい」と書くのは、そのように言われてみても実感としてわからないからです。物の色はその物の色として認識しているわけで、「トマトは、赤ではない」とか「草木は緑ではない」などと言われても、生まれた時から見えてきた色を反対に捉えるのは難しいものです。鷲田さんと制作した黒いコートの作品は、脇を開くと平面になります。そしてコートの周りにはファスナーが付いていて、コートとコートをいくらでも繋いでゆけるようになっています。コート（衣服）は人間の象徴です。身体を切り開き、開かれた自分は環境となる、そして繋がり合うことで、お互いを理解し、他者と繋がった自分を大きなひとつの私自身として認識する。これを民族問題、環境問題、ジェンダーに関する問題などの多様な社会問題への処方箋とできないだろうか。高度に絡み合う現代の社会構造をいったん瓦解するというか、解体してしまい、再構成を試みてはどうだろうか。プレファブ・コートはそんな問いかけをする作品になりました。ですから、視覚できるすべての物体や光をひとつに集約して、すべてを引き受けるものの象徴として黒という色を使ったのです。

　デザインとは物を美しく見せて暮らしに役立てるという側面も持ちますが、作り手からの問いかけや理念、考え方を受け取る側へと繋ぐメディアとしての役割もあるのではないかと、私は考えています。

生命を染める

私たちが認識している「色」は、跳ね返された光であると書きましたが、こう考えると、色とはなんなのだろうか？本当に存在するのだろうか？と疑問に思えてきます。色とは色なのか？数年間持ち続けてきた問いに対する答えのひとつが最近見つかりました。色は生命である……ということです。

　知り合いの方たちと木曾の山林への視察に訪れた際のことです。麓の町にある製材所にお邪魔すると、そのご主人に「皆さん良いところにいらっしゃいましたよ。今日は、九州から送られてきた樹齢約三百五十年の榧（かや）の木が製材されています。滋賀の仏師の方からの依頼で探した大変に珍しいものですのでぜひご覧ください」と言われ、製材所に案内されました。もの凄い大きさの榧の木がまさに製材されているところで、そこは榧の豊かな香りで満ちていました。その香りに酔いしれていた私は、ふと、これで染めたら美しい色が出るかもしれない！と思いつきました。仏師の方にお願いすると快く応じてくださり、製材する際に出る切りくずを袋いっぱいに頂きました。帰路の車の中は、その香りであふれていました。スタジ

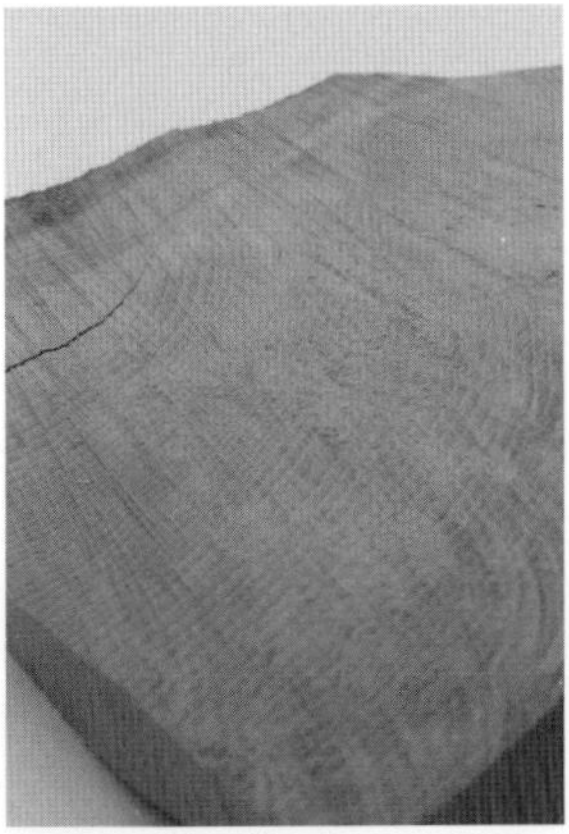

樹齢約 350 年の萱の木

オに帰りつくと、早速この木くずたちで木綿と絹を染めました。それまでは、染色に使う素材が何年生きたものかなど意識したことがなかったのですが、今回は仏師の方と出会い、仏像が彫り出された同じ木で布を染めるという経験をして、ふと「三百五十年の生命が布に移った」と感じました。移ったのか、映ったのか、遷ったのか、どれが正しいのかはわかりませんが、三百五十年という時間の中でその木が生きてきた風土や様々な日々を布に移すことで、私たちは「生命」というものをこの目で「見る」ことができるのだ、と感じたのでした。「生命」とは目に見えないものと思われがちです。私もそう思っていました。しかし、「生命」という無形のものを、誰もが認識できるように変えてしまう。その力が「色」にはあるのだと初めて意識した出来事でした。

捨て色

色の話は尽きないほどたくさんあります。色は、あらゆるものに使える言葉だからです。気持の高揚も、春の雰囲気も、人との仲も、すべて色で言い表せます。色は、物事を感覚というか、身体で捉えるものだからかもしれません。ですから「色々な話」とは、色とりどりの話であり、色々な温度感を持つ話であり、色々な気持の変化を持つ話を言うのだと思います。ファッションの世界で仕事をしてきた私は、二十代の頃にアパレルのファッション＝流行を作り出す商品のデザインも体験しました。その時、初めて耳にした言葉の中に、「捨て色」というものがありました。ファッション関係の人にとっては「こんな言葉、珍しくないでしょう」と思うようなごく当たり前の言葉ですが、私も初めて耳にした時には「ステイロって？」と不思議に思ったのを思い出します。これは要するに、棚や店頭に並んだ時に見せるための「見せ色」のことです。販売する際に、一色か、多くても二色を商品のカラーレンジに入れておくのです。ですからそれらの色は、売れることを考えて選ばれたものではなく、目を引く色、もしくは商品が並んだ時にリズムが良くなる色として選ばれた色たちということになります。悲しいことに、その色たちはあまり売れないという宿命を担い、店頭へ並べられてゆくのです。ブランドによって顧客層があり、その店でよく売れる色というものがありますが、だからといってそのブランドで売れる色だけを並べると、店頭が平たくなるというか、平坦なイメージになり刺激が少なくなり、高揚しない場になってしまうのです。そのために、よく売れる色と呼応するような色や、配色としてのキレやリズムが出る色などが必要になってきます。そして購入する方々は、棚に揃えられた綺麗な色のレンジを見て、「これもきれいね」「これもいいわ」「でもやっぱり私は、いつものこの色が似合うのかな」などと思いながら、いつもの色を購入します。捨て色とは極端な言葉ですが、街を見渡してみれば、似たような例がたくさんあることに気がつくものです。

第4章

人と衣服

man and clothing

なぜ人には体毛が無くなったのか？

人は、衣服を着て暮らしています。いつから裸が恥ずかしいものとして認識され始めたのか、現在のところはっきり知る術はありません。朝起きて、当たり前のように下着をつけ、服を着て、靴下を履き、靴を履いて出かける。帰ると、お風呂に入り、寝巻きに着替え、寝る。朝また起きて、服を着て、靴を履き、出かける。毎日毎日こんなことを繰り返しています。人は、当たり前に服を着ますが、犬も猫も裸で歩きまわっていますし、鳥も、魚も、牛も、蝉も服を着てはいません。つまり人以外は、皆、裸で生きているということになります。動物たちに「裸で歩きまわって不都合はないの？」と聞けば、たぶん彼らは「不都合はないよ」と答えるでしょう。なぜならば、環境に即しながら身体を変化させることで、彼らは生命を受け継いできたからです。

人と同じ哺乳類のイルカや鯨は、陸で暮らす多くの哺乳類とは異なり、体毛がなく、皮膚を外界にさらしたまま環境に沿って生きていますが、人間はいつからか何か他の物を身につけていなければ生きてゆくことができなくなってしまいました。人はなぜ体毛が無いのだろうか？私はある時それがとても不思議に思えて何冊かの本を読みました。そして、その中にあったのが動物学者ライアル・ワトソン氏の著書です。ここに面白い説が書かれています。イルカや鯨は、海洋で生きるために体毛を捨て、より優れた保温性と代謝力を持つ皮膚を手に入れ、人もまた水辺で暮らすようになったために、体毛を失ったのではないかという説です。数千万年前のある期間には、類人猿の化石が発見されていないことから見て、人はこの期間になんらかの原因（例えば、脅威となる生物の存在や、食糧問題、または、自然現象など）によって、海などの水辺に暮らすことを余儀なくされ、イルカや鯨ほどではなくて

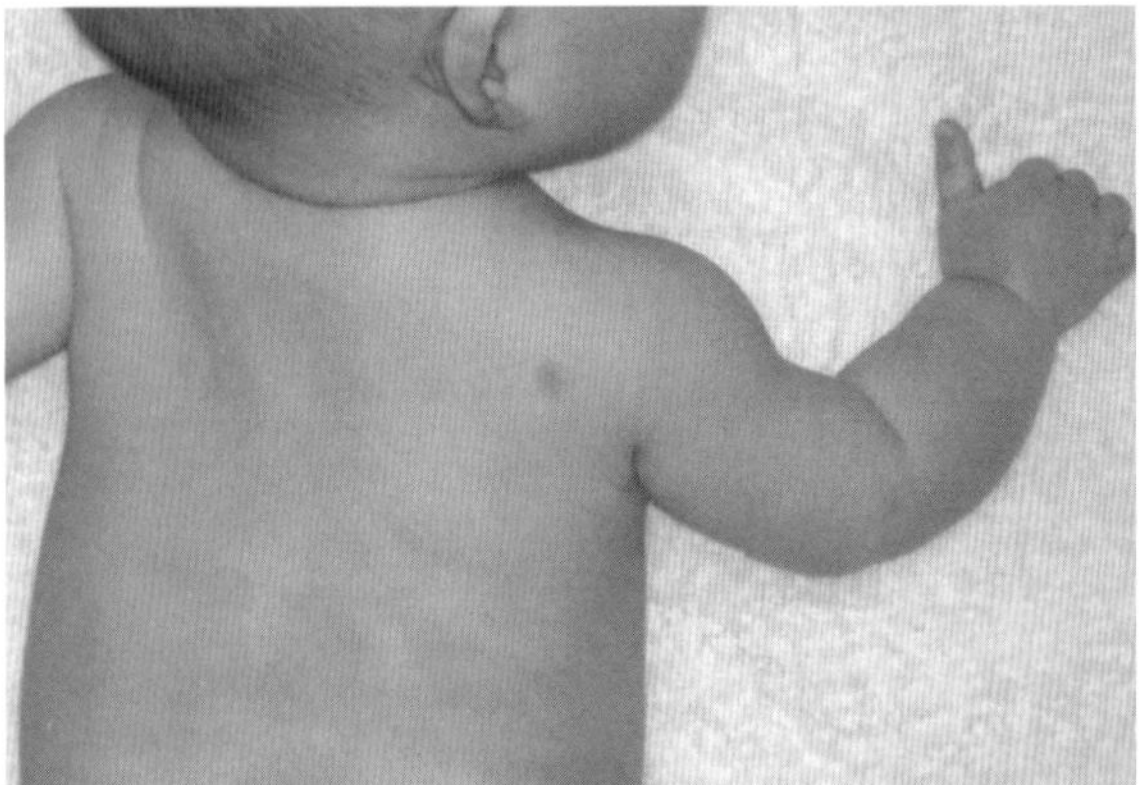

誕生後数カ月の人の肌

も体毛を失っていったのではないかというのです。これを読んだ時、私は大変な興味と感動を覚えたものです。

人は環境に肌をさらしては生きてゆけない皮膚と身体を持つようになってしまいましたが、なぜ環境に順応できない身体を持つようになったのか、もしくは、あえて順応しようとしなかったのか……その答えは、現在のところはまだ謎の中にあります。類人猿は自らの毛を纏って暮らし、人は他の生物から得た素材で服を作って纏っています。しかし体表を覆う毛穴の数は類人猿も人もほぼ同じだと言います。他の哺乳類のような全身を覆う豊かな毛はなくなっても、人と外界の間にはまだ体毛が存在しているのです。体毛は寒さ暑さから身体を守るだけではなく、大気の流れや音など環境の変化を敏感に感じとるのにも役立っているので、私たちが意識しているよりもずっと大きな役割を果たし、人の生命を守り続けています。しかし、人はこんなにも身を守ってくれている体毛を剃ろうとします。そして、体毛のないすべすべの肌を美しいと感じます。大切な体毛を毎日ひたすら剃り続けているのですから、人とは不思議な動物です。

人はなぜ衣服を着たくなるのか？

なぜ人が衣服を着るのか、なぜ衣服が人を包むのか、難しい問題のように思います。そして、なぜ人は衣服を着たくなるのだろうかと不思議に思います。

人がいつから自身の身体のみで自然環境に順応できなくなったのか、そしてそれはなぜなのか、まだ解明されていないことは前項でも書きましたが、私たち人がすぐにでも衣服を身につけたくなる衝動に駆られることは確かです。というよりも、裸でいると不安を感じるので、裸でいる時間を少なくしたいと思うのかもしれません。人は裸でいることで、危機感や恥ずかしいという感覚、または不安な気持ちが湧き起こってきます。日本では法律で禁じられていますから、裸で外出すれば警察に拘束さえもされます。ならば裸は罪悪なのでしょうか。おそらく、裸が罪悪なのではなく、他者の裸を見ることで何かの罪悪が起こる可能性が極めて高くなるという意味だと思います。「人はなぜ、衣服を着たくなるのか」を考える中で、人が他の動物と異なり繁殖行為が一年中可能となったことと何か関わりがあるのではと考えるようになりました。ある一定の期間や時期のみ繁殖行動を可能とする生物と、身体的精神的にも一年中繁殖行為を起こせる生物とでは、子孫の数も広がりも相当に異なります。そのように考えると、人は衣服を身につけたことで種の存続への大きな手がかりを手に入れたとも言えます。つまり衣服は人にとって、単に身体を防御するためのもの、気候風土へ順応するためだけのものではないということになります。人には「隠れた物を見たくなる」という本能に近い感覚があるように思います。隠れたものに興味を抱く傾向は人以外の生物にも見て取れますが、それは隠れたものの中に、危険な敵の存在や、反対に獲物の存在を無意識に感じるからかもしれません。ですから人も、隠された物の中に、生命の存続の可能性を確認してきたとも言えますし、それを衣服に置き換えて考えてみることで、衣服は不思議な役割を担ってきたとも考えられます。人という生物は、衣服を身につけて裸体を隠します。しかしそのことにより、隠された裸体を見てみたいという欲望を起こさせます。単純に考えれば、裸体でいる方が生殖行動を容易く行えるはずですが、人は邪魔となる衣服を身につけることで種を存続させてきたということかもしれません。

衣服は色彩やデザインなどにより人を装飾する役割を持ち、それが魅力でもありますが、衣服で裸体を隠し、隠された身体を見たいという欲望を起こさせるという役割も持ってきたように思います。つまり、人は種の存亡をかけて新しい衣服を生み出してきたと考えることもできるかもしれません。

人は、なぜ衣服を着たくなるのだろうか？

もしかすると衣服とは、着るためのものではなく、脱ぐために作り出された生命継続装置なのかもしれません。言い方を変えると、人は脱ぐために衣服を着たくなる、ということです。そう考えると、私たちが日常的にしている「衣服を着る。衣服を脱ぐ」という行為も、種の存続に大きな関わりがあるのではないかと、あらためて感じます。

衣服の役割

何のために衣服を着るのかということを、歴史から紐解いてゆくと、本能とは異なる側面も見えてきます。それは「衣服は他者からどのように見えているか」がポイントになります。衣服は他者に対して自己を主張する手段にもなり、他者を判断するための目安にもなり、言うなれば「記号」と同じ役割を持ち、人の歴史を刻んでいると言えます。暑さ寒さをしのぐ道具としての実用性から離れ、身分や立場、また、自分の内面を知らしめる用具としても発展してきました。身分や立場という概念がいつ頃からあったのかは定かではありませんが、大昔から、狩りが上手く多くの食糧を確保できた者は、自分は他の者と比べて優位だと感じたでしょうし、周囲も「ヤツは凄い！」という感覚があったのではないかと想像します。となると、次にその凄いヤツは「おれは凄い！」というアピールをしたくなるでしょうし、その際に、狩りで獲った動物の毛皮を何重にも身体に巻いたかもしれませんし、牙を身につけたかもしれません。そんな様子を他の者が目にすると「あいつはなにか凄いものを身につけているから、凄いヤツに違いない」と恐れたり尊敬したりしたかもしれません。衣服は、そのように身体全体で自分の立場や考えを伝え得る道具として、多くの場面で使われ、憧れ、楽しまれてきたのだと思います。

日本には、聖徳太子が発令した冠位十二階制に基づいて発布された「衣服令」というものがありました。当時は日本の秩序を作り上げようとする動きが盛んな時期であり、中国はじめ外国の制度などを参考にして、日本独自の国づくりを行っていました。その際に聖徳太子らが、冠の違いによって地位あるいは身分の序列を判るようにしたのです。

冠の色は、上位から徳は紫、仁は青、礼は赤、信は黄、義は白、智は黒とし、どれも濃淡があり大小という位がつき合計十二階としました。この冠位十二階が衣服による階級制度の始まりと言われ、その後、二十四階、三十六階などと十二階位を細分化しながら階級を増やしてゆかねばなりませんでした。地位を細分化してより多くの者を階級の中に取り込み、より強固な権力体制を作り上げてゆくためだと思われます。それ以来、明治維新に至るまでの約千年間、日本では、身分などによって着てはいけない色や素材、柄が定められ、衣服は生命を守るものであると同時に、秩序づくりや束縛、技術、伝統、文化、意思表示などに用いる道具としての側面を持ち続けてきました。

アクセサリーとバランス感覚

西洋や中国では昔から金銀や宝石で作られた冠などが多く見られます。日本にも、縄文、弥生、古墳時代には、支配層や豪族、貴族的な集団がすでに現れ、この頃の遺跡からは、衣服に関する装飾品も多く出土され、ヒスイや水晶などの宝石だけでなく、金や銀などの華やかなものが貴族階級の暮らしの中にはあった事実を物語っています。私もそのあたりの時代に作られたと思われる勾玉や首飾りの玉などを持っていますが、これらはとても美しいものです。しかし、不思議なことにそれ以降の時代、こうした首飾りやイヤリングなどは、日本ではあまり見られなくなります。その代わりではないのでしょうが、髪型自体が女性の身を飾る装飾になっていたようにも思えます。日本人が黒髪であることと関係があるのか明快な答えは見つけられませんが、黒髪と髪型にはなんらかの関係があったのではないかと想像しています。江戸の女性にしても、長い髪をただ伸ばしただけという髪型は、当時の絵にもあまり描かれていません。髪を結い上げている女性が多く、男性も丁髷（ちょんまげ）という独特な髪型をしています。また、頭髪にもアクセサリー的な装飾としての櫛や簪（かんざし）が現れてきますが、それら簪類にも、宝石などはあまり飾られず、鼈甲（べっこう）や珊瑚、または金銀の細工などが装飾されていました。そして、町人の装飾としては、煙管や、武士の刀の鍔（つば）など細かい細工品が人気を博したようです。しかし実は、装飾が最も派手になっていったのは、着物の生地そのものであったかもしれません。全身に柄が入った総柄の着物は、華やかで思わず感嘆するようなものもありますし、町民でさえ普通に全身縞柄の着物を着ていました。現在の服装と照らし合わせてみても、かなり派手な身なりをしていたことになります。例えば、現代の渋谷の街を全身刺繍入りのワンピースを着た人が歩

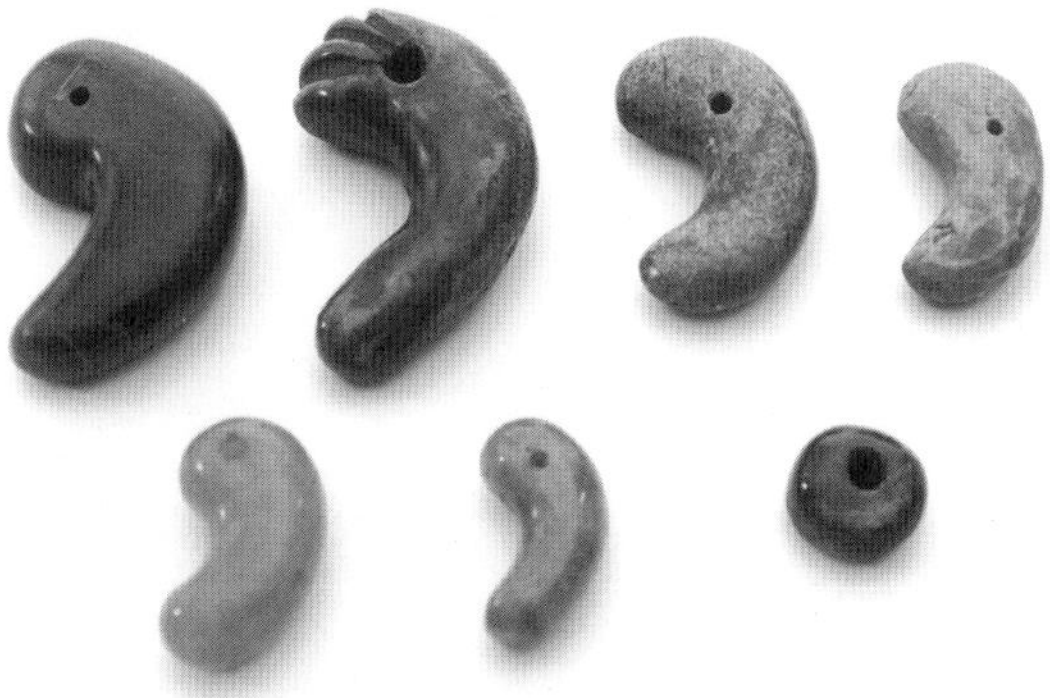

ヒスイの勾玉他

いていたら、相当目立つのではないでしょうか。このように、着物が目立つものであることから、髪を曲げや丁髷に結い、簪を挿すなどして、全体のバランスを作り上げていたのかもしれません。能の衣装の美しさを思い浮かべてみてください。織り、染、柄、刺繍などの布の美しさはもとより、人が着て舞う時の衣装の上下のバランスが素晴らしいし、誇張された大きさとは関わりなく着物全体の造形的なバランスが美しく整っています。こうしたものを見ていると、日本人が着衣に関しての独特なバランス感覚を持ち、その世界観の中で着物の織物や染織、そして金糸銀糸の刺繍などが発展してきたのだと感じます。

頭部にかぶる被り物に関しても、独特な発達の仕方があったのではないでしょうか。例えば、西洋の王侯貴族の人々の頭を飾る被り物には、キラビヤカな金銀財宝を装飾し象徴的に地位を表すものが多いのに比べ、日本では飾るというよりも何か意味を持った被り物が多く作られているような気がします。例えば松崎憲三編「人生の装飾法」（ちくま新書）によれば、「日本の高知県物部村では、花嫁に傘をさしかけるが、花嫁がケガレた存在であり、花嫁が傘で身を隠さなければ太陽をケガレたものにしてしまうという伝承がある。」また、「高知県では葬送の会葬者は、男性は一般に忌中笠をかぶり、女性は白い布をかぶるが、これは太陽に対してケガレた身体を隠していることの表現であると説明されている。」などという民俗的儀礼もあり、こうしたことから考えると、地位を表すために作られたと言われる冠位というものにも、神から身を隠す道具という意味合いが含まれていたのではないかとの推測も湧いてきます。衣服や装飾に対する絶妙なバランス感覚を持ち、天や自然への畏敬の念を衣服として纏う……日本人のこの独自の装飾文化の感覚を現代に生かすことができるならば、日本人独自の制作方向が生まれ出るようにも思います。

箪笥（たんす）と衣服

私が子どもの頃は、洋服ダンスというものがどの家にもありました。箪笥という和の物と洋服という洋の物が一緒になっているのも、和洋折衷が好きな日本人ならではの発想だったのかもしれません。しかし今は、洋服ダンスという言葉もあまり耳にしなくなったように思います。いわゆる箪笥とは、収納するための篭（かご）や函（はこ）を指しました。日本の衣服は基本的に畳んで収納します。収納をする際に使われたのが箪笥です。衣服にとって収納は重要です。例えば西洋の衣服は、皺を作らないように収納されます。西洋の衣服は皺がないときちんと見え、皺があるとだらしなく見えます。もちろん日本の衣服も皺がないほうがいいのですが、衣服を掛けて収納するという発想はあまりなかったようです。保管する場合はコンパクトにまとめることが重要で、小さく畳んだり巻いたりして箱に入れていました。そして、押入れや蔵に積んで保管するのです。日本は高温多湿で衣服が虫たちの餌食になりやすくもありましたが、そんな気候でありながらも、陰干しを兼ねて吊るしたままで収納しようという発想は生まれてこなかったようです。この高温多湿対策としては、「衣替え」が行われてきました。年二回季節に応じた衣服を出し入れし、同時に虫干しも行うのです。このように、なんとか衣服を畳んでしまおうとしてきた日本人ですが、シワシワの服を着たくないのは西洋人と同じです。では、どうしていたのでしょうか。日本人は「皺」を「折り」に変えることで、畳んであった着物もすぐに着ることができるようにしたのだと思います。シワシワではみっともないけれど、折り皺ならばかえって美しく見える。実に愉快な発想です。この発想が生まれたために、箪笥という収納箱が日本の家具の王座についたのだと思います。

また、人の暮らしの中で使う物は、当然のことながら人を中心に考えられてきました。食器・家具・建築などがそれですが、これらは、衣服を着た状態の人間を思い描いて作られ、選ばれています。実際、裸の人間が使うことを想定して作られた家具も家屋もないでしょうから、衣服を着用した状態で、座りやすい、居やすい、寝やすい、暮らしやすいという生活の用具を生んできたように思います。人は無意識のうちに衣服を自分自身の一部と認識しているということです。衣服の素材や形態の変化により、暮らしを構成するデザインは大きく変化してきましたし、今後も衣服の変化が起こるならば、それに伴ってインテリアも建築もその他のデザインプロダクトも変化してゆくのだと思います。そして、人と衣服、家具、家屋などが相互に関係し、影響を与えながら、デザインへの考え方や価値観も変化してゆくのかもしれません。

服で包むのか、服が包むのか

「衣服令」にも見られるように、かつては着てはならない素材や布、色、形がある時代がありました。日本だけではなく、ファッションの国と言われるフランスでさえも革命以前は多くの規則があって、着る物が制約されていたのです。そして、制約がなくなり、一般の人々がどんな色と形をした衣服でも着ることができるようになった日から、自分の象徴として、自分の意思表示として、自分の内面を外部に見せるための衣服を着用するようになりました。例えば、パンク・ロックを愛する人たちは、パンクらしい髪型や服装をすることで、自分のパンク精神を高め、外部に対しても自分の考えや主張を明確に表そうとします。またサラリーマンも、真夏であってもネクタイを締めて上着を着て炎天下を歩いていますが、それは、身体保護などという衣服の原初的な目的とは明らかに反した行為と言えましょう。高温多湿な日本の夏にスーツ姿で外を歩くなんて身体に良いわけがないのですから。これは、スーツを着ていないと、しっかりした人、きちんとした人とは見なされないという不思議な常識が世の中を覆っているからです。こんな例を見ていると、これは「人の心理が外へ破れ出ている」状態なのではないかとよく思います。自分を隠して身なりを整えようとしているのに、どこかが破れていて、自分の知らない個所から自分の内面がのぞいている状態……とでも言いますか。そんな見方で街の中を見渡してみると、ユニフォームが仕事着として使用されているということも面白く感じられます。十五年ぐらい前から、日本中にコーヒーチェーン店が盛んに展開されてきました。その多くはユニフォームを着てお客様を迎えています。またファーストフード店、コンビニやスーパーマーケット、公共機関の人々など、あらためて見ると同じ衣服を着て仕事をしている人が大変に多くなりました。自由な社会、個人の主張、個性などと言われる時代ですが、様々な制服を見ていると、皆が個性を消すために躍起になっているようにも感じられます。しかし、もう一方の現代性として見ると、人々が衣服によって安心を求めようとしているようにも見えます。チェーン店というものは、いつものよく知っている店、知っている味、メニューに何があるのかすぐにわかるし、初めての土地でも安堵感を感じることができる……そんな安心感があります。もしかしたら、同じような安心感を衣服にも求めているのかもしれません。企業としては、働く人の個性を消して企業のイメージを前面に出したい、もしくは、働く人に企業の一員としての意識を持ってもらいたいなどの意図があってユニフォームを使用しているのだと思いますが、実際のところユニフォームはもっと別の作用も人々にもたらしているように見えます。二十一世紀の現代、大きな変化や大きな衝撃はいらない、今ある社会の秩序の中で自由を謳歌したい、または、安心の中で個性を作り出したい、という気持がユニフォームを着心地の良いもの、見て心地良いものにしているような気がします。

最近では、見たこともないような突拍子もない形の衣服を着る人はあまり見られなくなりました。七〇年代、八〇年代には、ソレどこで買えるの？というようなものや、なぜそんなもの着てるの？とびっくりするような服を着る人がいて、着る人も優越感を持って街を闊歩していた時代があったように思います。しかし現在は、派手な衣服やコスチュームでさえ、アニメや映画、または、社会的に認識されているキャラクターから展開されたもので、自分がゼロから作り出したものは少なくなりました。

時代を捉えた品揃えと手頃な価格の服を作る企業がこの十年以上、日本や世界で広く受け入れられています。もちろん企業のビジネス努力が基本にはあるでしょうが、これも現代の人々が求めている安心感と関係があるような気がします。時代的だし、カッコいいし、安価だし、誰もが着ているし、着ている人が皆良いと言うし……そんな「気持の共有」から安心感が持て、なおかつ自分らしく着こなせるという点が人気に結びついているのではないでしょうか。安心感を保ちつつ個性を求めているという姿が、二十一世紀の日本の姿なのかも知れません。

寄稿　こころを包む

藤森和美　臨床心理士

眞田岳彦という芸術家に出逢って、まだ一年は経過していない。親子ほど年はちがわないが、私の目には礼儀正しい至極まじめな青年として映っている。手みやげに持っていった横浜馬車道十番館のビスカウトが好物だと少年にもなるときの自然な振る舞いが、私を緊張させないでいさせてくれる。

彼は「トラウマ（心的外傷）」をもつ人々に衣服の立場から、何か出来ないかと懸命に試行錯誤を続けている。その中で「援助者」である精神科医や心理専門家の心の傷つきにも注目してくれた。

こころは「心」という漢字があり、中心の「心」という意味もある。私の身勝手な解釈だが、それは「芯」にも通じる気がしている。人生のなかで、予想もしなかった事件、事故、性的暴力、虐待、災害を体験した被害者の心の中では何が起きているのか。それは、人生という大切な糸が突然断ち切られ、心も芯も失う未来が閉ざされた世界である。

彼の作品に、多様な種類の糸や毛糸を巻いたものがある。毎日毎日、彼は自分の手でグルグルとひたすら巻くのだろう。小さなものから、抱きかかえるような大きさまである。それがこころ「心」だとしたら、その「芯」は何なのか？大事に抱きかかえられ育っていく作品は、見る人や触れる人、そして自分自身の心を、やがて解き放つための「包む」作業なのかもしれないと思いながら個展会場を去った。包まずにいられない彼の優しさと強いエネルギーの向こうに、きっと彼の自身の人生の「こころのテーマ」があるのだろうと想像している。

藤森和美（ふじもり　かずみ）
臨床心理士・博士（人間科学）、武蔵野大学人間関係学部教授、日本トラウマティックストレス学会副会長・理事。心の傷をうける体験は、自然災害だけではなく、いじめや性的被害、家庭の不和、虐待など、子どもたちの生活の中に潜んでいることを提唱し、予防的教育啓発活動、臨床ならびに実証的研究に取り組んでいる。また、心理支援の専門家養成にも力を入れ、被害者を取り巻く様々な関係組織のコラボレーションの必要性についても論じている。

「遷移」展示風景：ギャルリー東京ユマニテ

「開封」展示風景と着用時
群馬県立近代美術館

「左から右」展示風景：鹿児島県霧島アートの森

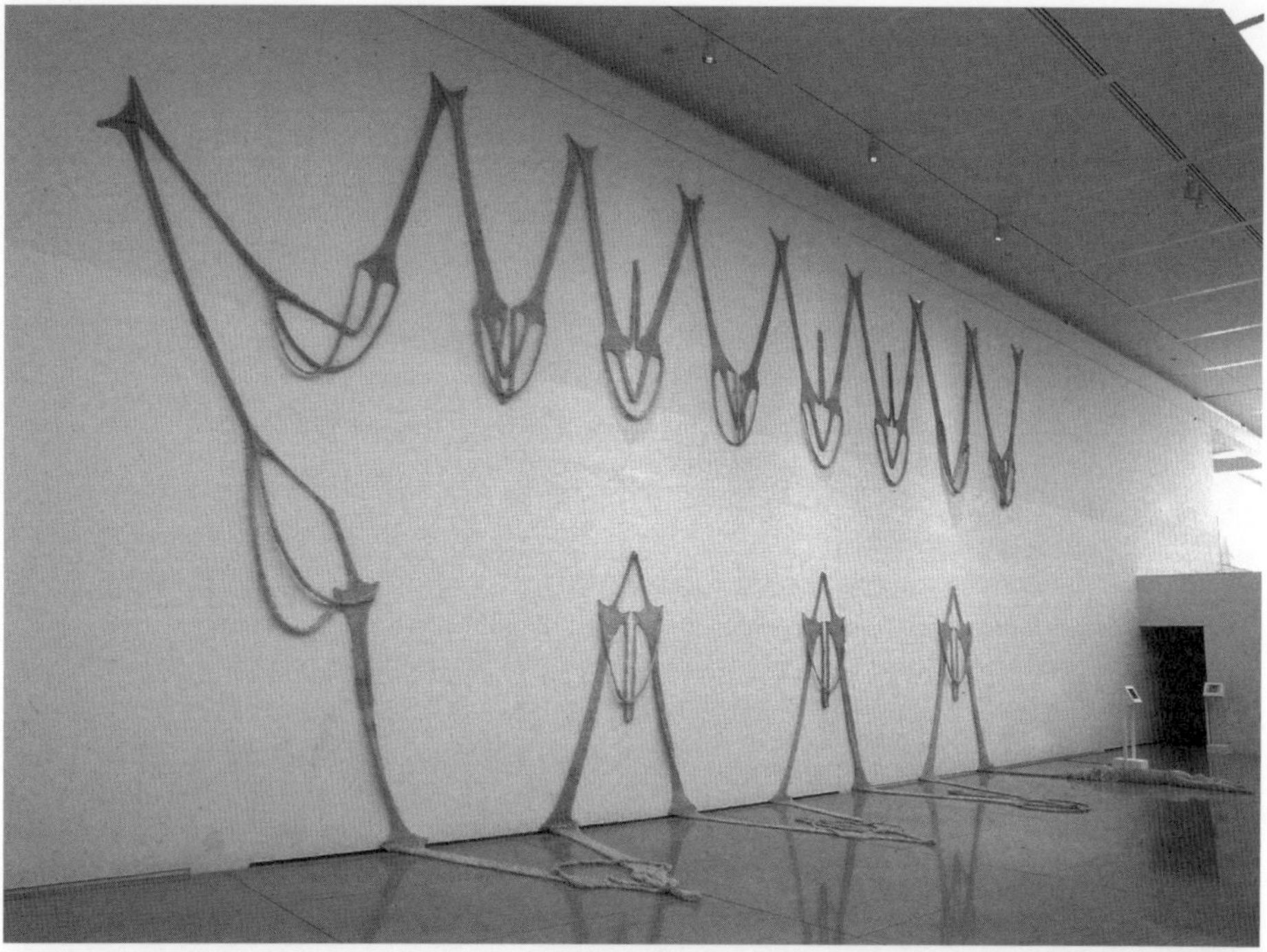

「人光」展示風景、部分詳細と着用時：トゥルネーの教会（ベルギー）

「光の際」展示風景：カーティン・ユニバーシティー・ギャラリー（オーストラリア）

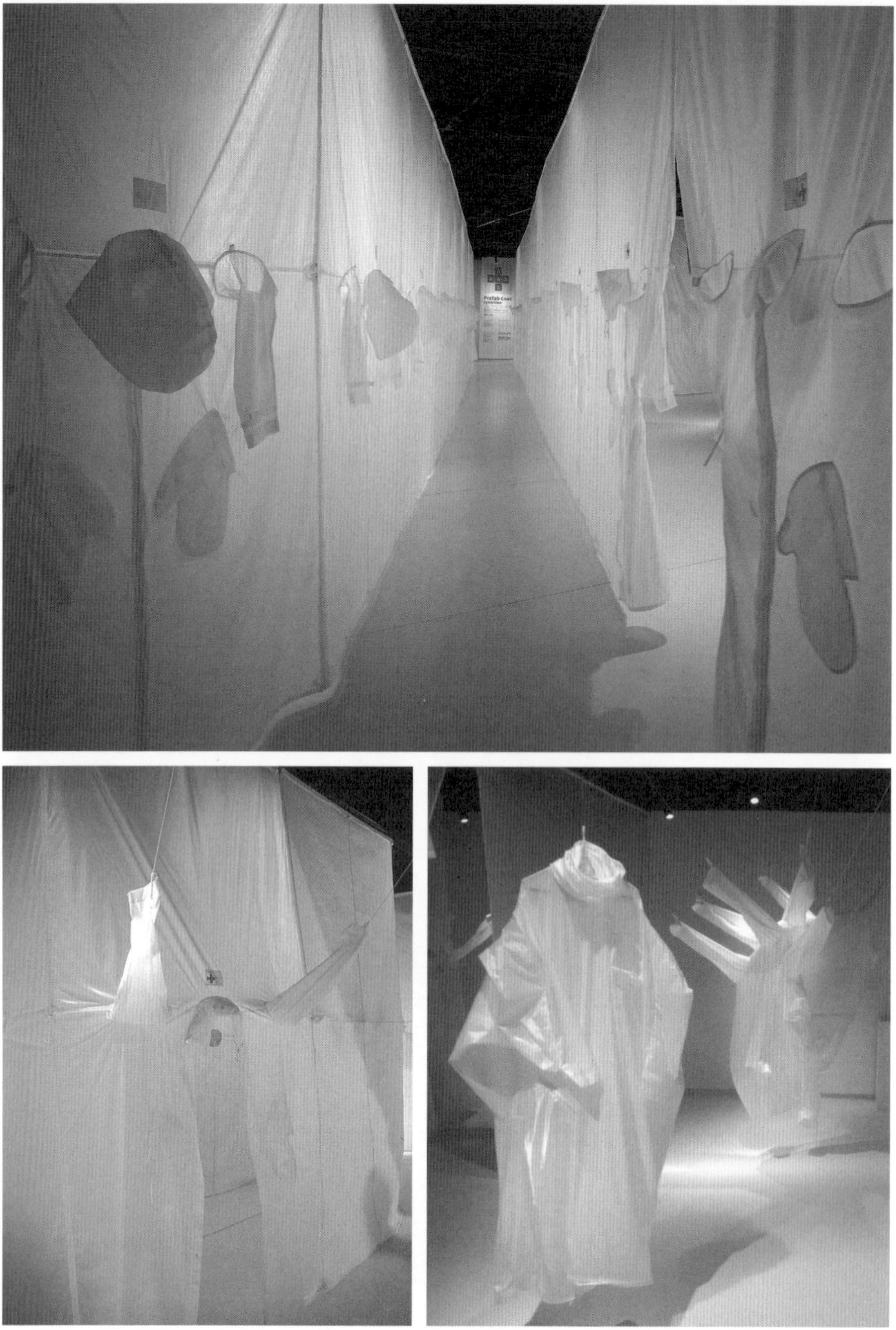

「プレファブ・コートA.X」展示風景：アクシスギャラリー（上：撮影 Nacása&partners）

第5章

プレファブ・コート

prefab coat

寄稿 衣服のコンセプトを越境するプレファブ・コート

柏木博　デザイン評論家

眞田岳彦の作品を具体的に見たのは、2000年に、トロントでの日本・カナダの共同企画展「E-12 生きるためのデザイン」をトロント大学の建築の教授ラリー・リチャーズとキュレーションした時のことである。ecological（エコロジカル）、equal（平等の）、environmental（環境の）、ethical（倫理的）といったEに始まる12の言葉をテーマに、「21世紀を生きるためのデザイン」を提案をするという企画で、日本・カナダそれぞれ3組のデザイナーと思想家の組み合わせで構成するという展覧会であった。この展覧会で眞田は、コラボレーションの相手に迷うことなく哲学者の鷲田清一を指名し、「プレファブ・コート」を展示した。

衣服は、個人の身体を被うものだとこれまで考えられてきたが、その概念をシェルターへとパラフレーズすると、それは複数の人を被うシェルターになる。その眞田のコンセプトに意表をつかれた。また、その時に展示された「プレファブ・コート」は、現代美術（インスタレーション）でもあった。同時に、機能を持ったプロダクトデザインであった。

衣服がこれほど豊かな意味、そしてそれにともなう表現を持つことに、既成の思考が崩れ去った。また、その美しさに感じ入った。

「プレファブ・コート」は現在、有機的な素材である米によってつくられるという新たな展開となっている。もちろん、現代美術、デザインとして評価されるべきものである。

柏木 博（かしわぎ ひろし）
武蔵野美術大学教授。近代デザイン史専攻。デザイン評論家。1946年神戸生まれ。武蔵野美術大学卒業。展覧会監修：『E-12 生きるためのデザイン』（トロント・ハーバーフロント・センター、00年）『田中一光回顧展』（東京都現代美術館、03年）『電脳の夢』（日本文化会館パリ、03-04年）ほか多数。著作：『デザインの20世紀』（NHK出版92年）『モダンデザイン批判』（岩波書店02年）、『「しきり」の文化論』（講談社04年）ほか多数。

「衣服──概念の開放」 造形作品からデザインへ

プレファブ・コート（Prefab coat）は、二〇〇〇年にデザイン評論家の柏木博さんがキュレーションをなさった、日本・カナダの共同企画「E-12・生きるためのデザイン」という展覧会に参加させていただいたことがきっかけとなり制作を始めたデザインシリーズです。この時の展覧会テーマは、「二十一世紀を生きるためのデザインを提案する」というものでした。しかし私は、その展覧会以後も、柏木博さんから頂いたテーマを解決できないままに、多様な社会の問題を考察しながら十年近くの間に様々なプレファブ・コートを制作し続けています。

実は、この二〇〇〇年のプレファブ・コートに至るまでに、私には作品制作上の思考変遷もありました。このプレファブ・コートの考え方の基礎となったのは、一九九八年に制作し、東京国際フォーラムのフォーラムアートショップ内エキジビション・スペースで発表した「聴く／話す」という造形作品と、一九九九年に社会問題を考察するための衣服作品として制作した「パーソナル・アーキテクチャー」という作品です。これらの作品から、自分のテーマがより明確になり、使用する素材も天然繊維から先端繊維へと広がってゆきます。また、アートとデザインの境界を越えた制作が本格的に始まり、プレファブ・コートへと展開されてゆきました。

「プレファブ・コート B.L」シェルター型展示風景

身体と生命のキワ／際

イギリスから帰った私がまず思ったのは「手で仕事をしたい。手による衣服の造形をしてみたい」ということでした。そして、思索を練り、獣羊毛を素材にして、「聴く／話す」と題した作品を東京国際フォーラム・フォーラムアートショップ内エキジビション・スペースの石山さんにお世話になり発表しました。この東京国際フォーラムという場所には以前からご縁がありました。私がアシスタントをしていた彫刻家リチャード・ディーコン氏の作品が現在ここに常設されているのですが、ディーコン氏にその依頼が来たとき、私もちょうどロンドンのスタジオに居合わせ、日本から来たキュレーターの方たちにも会っていました。その中には、今回この本に寄稿もしてくださっているキュレーターの片岡真実さんもいらっしゃって、この出会いがきっかけで、片岡さんには後に展覧会などでお世話になりました。また帰国後には、ディーコン氏の代理としてまだ建設中であったこの建物の写真を撮りに来たこともありました。独立して間もない私の目には憧れの場所として映り、そんな場所で展覧会ができるということも私にとっては大きな意味があったのです。そして、この作品展は現在の私の活動に関わるたくさんの貴重な出会いをもたらした場でもありました。現在まで展覧会をさせていただいているギャルリー東京ユマニテの土倉さんや金成さん、後に舞台の衣装を担当させていただいた演出家の宮本亜門さんはじめ多くの方が、この展覧会を見て私を知ってくださいました。

この東京国際フォーラムの展覧会は、その後の制作の方向性を決める大きな転機にもなっています。ここで制作した「聴く／話す」のコンセプトは、「私と他者、もしくは、私と空間やあらゆるものを区切るものは、意識というものであり、その意識を取り除くことで身体という物質の制約から私自身が放たれてゆき、空間と一

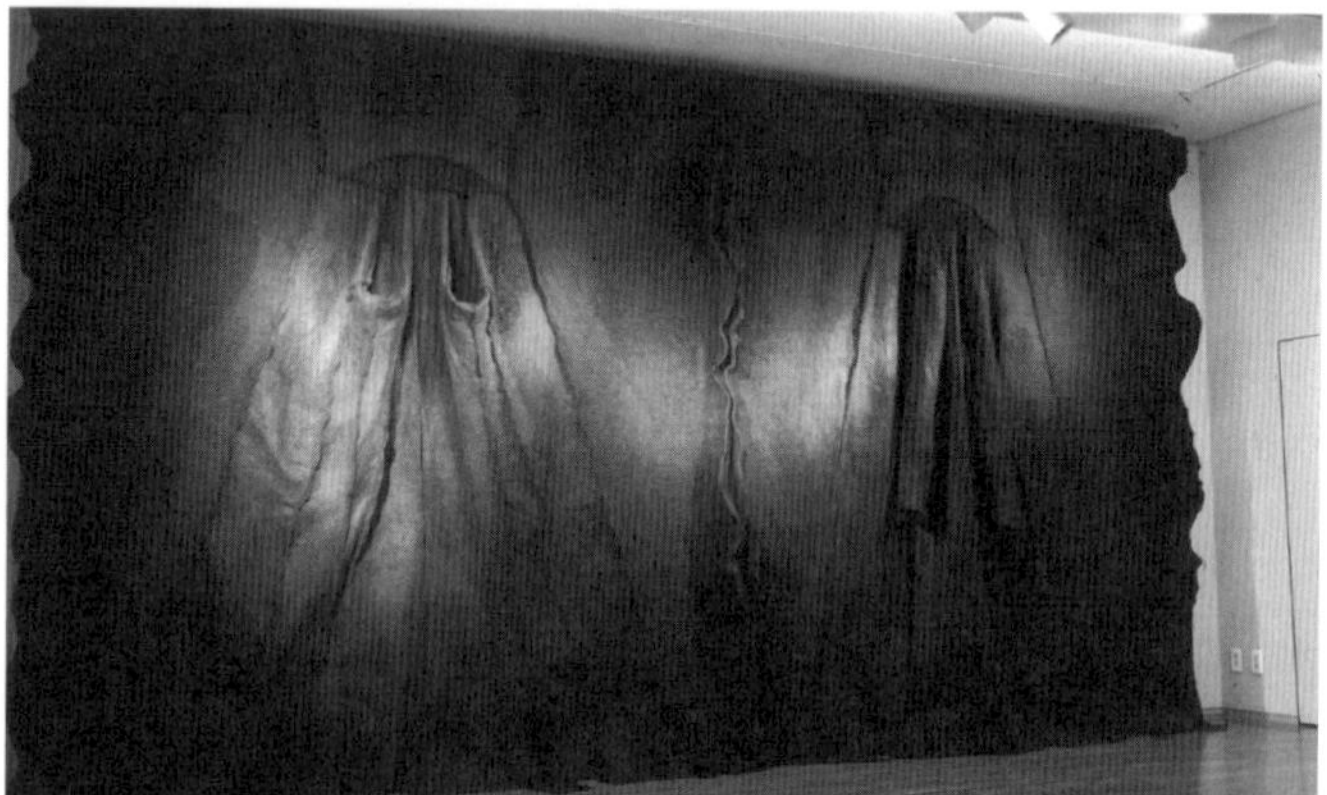

「聴く／話す」：エキジビション・スペース

つになるのであろう」というものでした。これは、私の「衣服」「身体」という捉え方のベースとなり、現在の作品もこのコンセプトの延長線上にあると言っていいかもしれません。また、アートとプロダクトを融合させた作品形態もこのときに制作した「Living in Fibre」（リビング・イン・ファイバー）が原型となっています。会場に展示された「聴く／話す」がコンセプトの原形としてあり、それをより多くの人に手渡すために、着用可能な衣服プロダクトとして制作したのが「Living in Fibre」です。このエキジビション・スペースというギャラリーは、限定作品やグラフィック、美術用品などの販売を行う企業が母体になっているため、リミテッド・エディションの衣服を制作販売することが可能でした。そして、私自身も、生死、身体と空間、自他という視覚的な意識や概念に捉われず、精神的に開かれてゆくことで、物質にも束縛されない本来の自分という存在を見つけ出したい。そして、ファインアートとデザインという産業や業界、流通のために分けられている領域を行き来しても良い。そう考えはじめ、制作領域に制約されない衣服の造形形態を作り出すようになったのも、この時期が境だったかもしれません。命の象徴として天然の繊維素材を使用して制作した造形作品と、産業製造のインダストリアル・マテリアルを使用する衣服プロダクト、この二つの間にあった大きな壁がこの頃から取り払われ、制作活動に広がりを感じるようになりました。

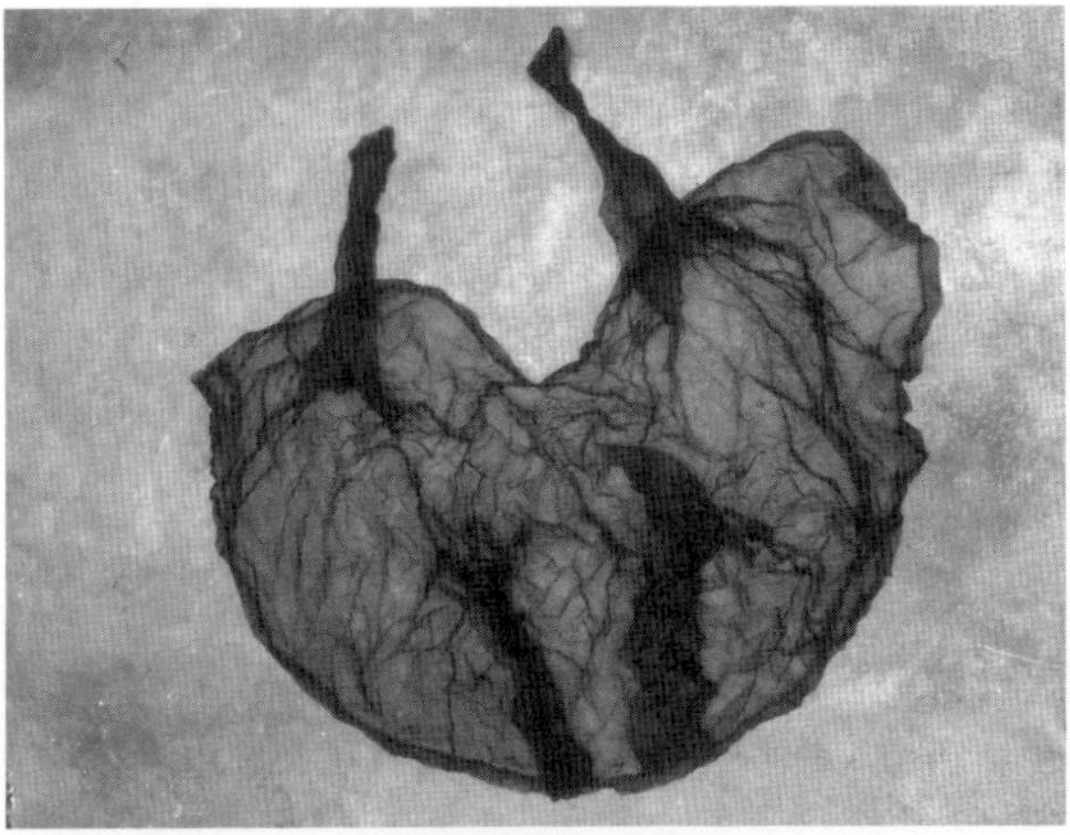

「リビング・イン・ファイバー記憶 A」

コンセプトノート「身体と生命のキワ／際」
1998年

概念、意識／感覚の身体、生命、私の存在とは何か。
身体、肌＝際（キワ）によって包まれた場に、
命＝私は在ると言えるのか。
本当に、命＝私は（キワ）際によって
存在を維持されているのだろうか。

〈考察〉

もしも、命を包んでいる際（キワ）を開放することが可能となるならば、内部と外部の隔たりは消失し、内在していた命は外部へと解き放たれる事になる。それは、身体の内部と外部が消滅することであり、身体は新たな空間／場を獲得し、命の終結は、空間／場の続く限り無いこととなるのではないか。

すなわち、命を区切る際（キワ）とは本来、意識／感覚上確認し得ない。

それは自我―非我を越えた場に命は在ると言える。

言い換えれば身体的／肉質的意識感覚より離れた場に本来的な命が在るのかもしれない。

「身体と生命のキワ／際」展では、命を包む際（キワ）の内面と外面は、同一面、同空間、同時間軸上に続き、命は、身体の内面／外面を越えた、ただ一つの場に在ることを視覚し、生命の場、命、身体とは何かを考えていく。

素材が織り成す、アートとデザインの交差

東京国際フォーラムの展覧会がきっかけとなり、平塚市美術館でのワークショップの話もいただきました。その際に参加者が実体験できる装置として大型衣服作品をナイロンの薄い生地素材で制作しました。ここでは「内は外」という概念を脱ぐ体験装置にナイロン素材を使い、さらに私の中にあった素材に対する制約が解けてゆきました。そして、翌年一九九九年に銀座の松屋にあるデザインギャラリーの展覧会でも初めての素材を使用しました。私が選んだテーマは、「二十世紀の社会問題と衣服＝デザインの役割とは何か」でした。一九〇〇年以降、インダストリアル・デザイン活動が欧米で始まった時から、人々は、二十一世紀は物質で満たされることによって幸せな世の中になると願ってきました。しかし、実際、物質だけでは満たされませんでした。グリーンランドに滞在していた時に、北極海に浮かぶ黄色いビニール袋を見ました。これは生活の中で出る人間の排泄物を回収する際に使用するもので、居住区域の端に山積みにされているのですが、それが海へと崩れ落ち、北極海を浮遊して行くのです。そしてそれは、薄いビニールの皮膜があるために、自然に還ることはありません。その時、人間による環境破壊というものを肌身に感じ危機感を持ちました。またロンドンで暮らしていた時には、領土問題が原因による白昼のロンドン中心街爆破なども身近に経験し、民族間紛争の根深さも実感しました。どんなに物が生産されても紛争はなくならず、環境は荒れてゆくばかりなのだと、私は海外の暮らしの中で強く感じるようになりました。本来デザインには、人の生活や生き方などをよりよくするための道具を提供する役割があったはずが、なぜ、社会に広がってゆく問題を解決しようとしないまま、経済効果ばかりを主眼

「内は外」：平塚市美術館

において走り続けているのだろう……そんなことも考えるようになりました。また、これまでの概念を打ち破るような、アートのようなデザインは存在しないのだろうかとも思いました。そして、このデザインギャラリーでは、アートがもつ概念を変革させる力と、デザインが持つ実用性や普及力の交差を試みたいと考え、作品の思索と制作を行いました。こうして発表した作品が社会問題を考察するための衣服「パーソナル・アーキテクチャー」です。「自分の身体を切り開き自分の心も含めた内包物を外部へさらけ出す、というトポロジー的な衣服形態を作ることで、自分の内も外もなくなり、世界のすべてのものが大きなひとつの身体となって、空間ともなり得る。仕切りのない大きな空間こそが私たち皆の身体であり、私は君であり他者でもある。こうして遮断、隔絶されている個性や個人という概念を瓦解させることで、解決の糸口が見つかる」これが、「パーソナル・アーキテクチャー」のコンセプトでした。作品には、先端のテクノロジーによって生み出されてゆくデザインプロダクト（インダストリアル・デザイン）の象徴として、日本の先端技術で開発された布を使用しました。マイナスイオンを摩擦により発生させ物体の酸性化を抑える布と、耐アルカリ性の伸縮するゴムのような不織布です。そして、トポロジー的なデザイン形態として、「聴く／話す」でも試みた身体の開放、物質からの開放による生命の充実を象徴させ、切り開かれた衣服のような形態からの展開をさらに推し進めたのです。アートには、今まで見えていなかった物事の側面に気づかせる役割があると思っています。言うなれば、アートは「きっかけ」です。一方、デザインとは、何かしらの問題や物への対処、もしくは、その時点での最善と思う結果を導き出すための道具となる物事を示す役割があると思っています。つまり「アート→問題発見」「デザイン→問題解決」ということになるでしょうか。人々に新しい可能性を与えたり、暮らしの中に豊かさを見つけるきっかけを与える役割は、

「パーソナル・アーキテクチャー」展示風景：デザインギャラリー

アート的視点が担い、そこで気づいたことから可能性を具体化する道具や、豊かな心を得るための仕組みを作り出すことはデザインが担う。こうして二つのクリエイションをバランスよく産業や生活に取り入れることで社会が少しずつ変わってゆくと考えています。人間が生み出してきたアートとデザインという両翼を同時に用い、両翼をコントロールしながら前方へ進んでゆくことは、私たち日本人にとってそれほど無理のない方法であるとも感じています。

古来日本では、実用物、非実用物の隔てなく、物や事が持つ美しさに深い哲学的とも言える価値を見出してきました。それは欧米が育んできたファインアートという分野とも異なる側面を持っていたのだと思います。日本の美は、人の動きや所作、言動、また、季節の風に至るまで、深い哲学的思考を与えてきました。日本人が持っているこのような美への価値観が、今の時代にこそ重要であると思えます。「アートの価値＝投資対象としての価値」また、「デザインの価値＝多く売れる価値」の時代から、物質的市場流通が最優先される一元的な価値観ではない、新たな豊かさを作り出すための多元的なアートとデザイン領域が必要な時代になっているのではないかと思います。

産業デザインとしての活動

「産業」の産とは、生むこと、生まれた土地、生まれた品物、作り出すことや物を意味します。また、業とは、仕事、技、暮らしの手立て、学問（日本では卒業と言う。入学と言うが卒学とは言わない）、技芸などの意味を持ちます。それらから考えると、本来の意味は、ある土地や人から生まれたり作り出された仕事、技、暮らしの手立て、学問、技芸などを意味し、それをデザインする人を産業デザイナーというのだと思います。日本のこれまでのデザインと地域や素材、そして社会との関係は、

素材・地域・人 ＋ デザイナー ＝ ハード 製造 → 物流 社会消費

● **集中化 都市型経済 物質的充足 経済効果 大**

であり、産業デザインの役割の中核を担ってきました。その中で、私が目指しているデザインとしての方向は、

素材・地域・人 ＋ デザイナー ＝ ソフト 育成 → 人材育成 地域活用

● **多様化 地域型経済 精神的充足 経済効果 中**

というものです。

私のデザイン活動とは、これまで多くの産業デザイナーがプロダクトの為の素材として考えてきた地域産業や人材、伝統技術などを、デザインにより育成することで、地域や人が活かされるようなソフトをデザインで育む活動です。これは、個人それぞれが異なる豊かさを認識して、自分なりの幸せを見つけ出すことにも繋がります。個々の経済的なサイズとしては大きくはありませんが、日本の現在の情況を考えてみると、私たちの暮らしに重要な物や考え方、また、未来に向かう社会のあり方な

どを捉えてゆくことになり、意識の高い社会づくりに繋がってゆくのだと思っています。それは先達のデザイナー達が試みてきた、デザインによる啓蒙活動の延長線上にあるかもしれませんし、より純粋で専門化したデザイン分野として拓かれ描かれるのだと考えています。もちろん現代社会では、ハードをデザインすることもソフトをデザインすることも大切となります。いうなればこれまでのハードを生み出すデザイナー活動に新たに加わる産業デザイン活動領域として、より多くのデザイナーが個々の専門分野から働きかけ得る活動とも考えています。

Prefab coat　組み立てるように準備された衣服

プレファブ・コートというシリーズでは、アート的な考察とデザインの機能を併せ持たせながら制作をしてきました。例えば、二十世紀の諸問題の考察、災害と心の考察、教育と環境の考察、また、日本人の食と文化に関する考察などをふまえて、必要と思われる機能をデザインし衣服にしてきたのがこのシリーズです。このシリーズをデザイン構成するための条件は、二点あります。

- 日本の先端技術によって生まれた機能を持つ素材を使う。
- 現代の社会で問題となる事項を考察し、「発見、伝達（アート的志向）」、「緩和、解決（デザイン的志向）」に向けて制作をする。

プレファブ・コートは、哲学者、精神科医、臨床心理士や教育者などとの対話を経て制作を進めてきました。

「プレファブ・コート A.X '06」

〈I〉 哲学者とつくったコート ［D.I.S 2005 Prefab coat］

「哲学は、何のためにあるのか」難しい問いかけですが私はこう考えます。椅子のクッションは何のために必要なのか、レストランは何のために必要なのか、テレビは何のために必要なのかという問いにも似ているように思うのです。人がよりよく生きるために、心豊かに生きるために何が必要でしょうか。それが哲学なのではないかと。心地よく生きるとはどのようなことなのか、それは個人個人で異なる答えがあるのだと思いますが、私は災害や事故、また何かの原因で人の心が弱くなっている場合のことを考えてみました。心が生き生きとした状態を失った時に、哲学領域の人の知恵を借りて作品制作をしたらどんな可能性が生まれてくるだろうかと考え、プレファブ・コートという衣服を媒体として考察を行いました。災害や事故、怪我や病気により、時間が経っても心の傷が癒えない人々は少なくありません。そのように傷ついた心に対して、私たち物を作り出す人間は、何を形にして、どのようなことで役に立てるのか。どのようにすれば傷ついた心のために衣服が役立つのかなど、いろいろな視点から考察しました。この時、哲学者の視点から私と対話を重ねてくださったのが、哲学者・信原幸弘さんです。私の制作テーマのひとつである「人間が豊かな心を得るためには、何が必要となるのか」について、数ヶ月に渡って長文のEメールで意見を交わし合いました。そこから、衣服作品のコンセプトを導き出しました。

「プレファブ・コート D.I.S」展示風景：アクシスギャラリー　撮影 Nacása&partners

コンセプトノート「D.I.S 2005 Prefab coat」
2005年
人が生存するうえで根本的に必要となるのは
「心の充足」＝「生き生きとした心の回復」である。

心とは脳や身体を超え出て環境にまで広がるものである、と考えたとき、具体的にどのようなシステムを構成すれば人が本来持ち得る「生き生きとした心」を回復することができるのだろか。人は生まれながらに異なる心を持っている。それは、絵に描いたような「正しい心」など始めからないということにもなる。言い方を変えれば、それぞれの人の心とは、それぞれらしい、歪んだ形をしているとも言える。生き生きした心の回復とは、各自が各自の心の歪みを認識することから始まる。

「D.I.S 2005 Prefab coat」 プレファブ・コートへの展開ベース
2005年
テーマ ： 着用することで自分の歪みを知り、
心の再編成を促すコートを制作する。

デザイン形態への具体的展開
この作品は、平面状にすると、菱形をしており、その菱形の生地から衿にもなる袖口がランダムな場所に多数つけてあり、多様な方法で着用することができる。つまり各人にとって着心地のよい着方をすることができるのである。初めから歪んだ衣服を自分風に着ること、着心地のよい着方を何度も探りながら着用を試みることで、歪みというマイナスのイメージが、次第に、「生地が歪んでいることの面白さ」や、「歪んでいることで始まる自分のアイディアとの交差」へと興味が拡大されてゆき、歪みへの再認識を得ていく。それは、それまで抱いていた歪みというマイナスイメージへの再認識、意識の変化となり、心の歪みをも肯定的に受け入れ、誘引する手掛りとなる。そして、次第に外からの衝撃でできた心の歪みを解消する方向に導いてゆく。さらに、菱形の布には、四方周囲にファスナーがつけられており、これを交互に閉めることで、意外な形で歪みが解消されることにもなる。これらを通して、私は、歪んだ形態のプレファブ・コートを媒体として、各自が自分にとって着心地がよく、心が安定する着用方法を探してゆくことで、歪みによって生まれた傷が解消されることを願い、実験的な衣服の制作を試みる。

〈2〉精神科医との勉強会から考察を重ねたコート［T.M 2005 Prefab coat］

［T.M 2005］のT.Mは、「セラピティック・メンバラン（Therapeutic membranous）＝治癒的な皮膜」の略としてつけました。精神科医・金吉晴さんの勉強会でのご意見を参考にプレファブ・コートを制作しました。コートをセラピティック・メンバラン（治癒的な皮膜）と捉え、「人は個人のための安全な場を与えられることで、自分自身で記憶を再統合し再生のきっかけを得る」という視点から考察し作品にしました。コートの内側にはキルティングを使い、外側にはナイロンを使用して二重構造にしてあります。展覧会の際にはこのコートを開いて繋げて空間を作りました。その空間には映像を投影し、下から見上げると雲がゆっくり流れる青い空を見ることができます。またキルティングには、鉛筆で袖の絵やフードの絵柄を描きました。工業的に作られた布に、人の手を感じさせる手描きの絵を加えることで、その場にいることへの安堵感を得てもらうためです。

〈3〉子どもの心のための展開［C.P.P 2005 Prefab coat］

子どもサイズのプレファブ・コートも制作しました。十歳程度の子どもを目安にしたサイズです。子どもは、遊びそのものが心身の成長に役立ち、また、遊ぶことで治療的効果が表れるとも言われ、これを、ポスト・トラウマティック・プレイ（Post traumatic play）とも呼んでいるそうです。海外では救急車や子ども医療施設などにぬいぐるみが置かれ、安心感を与えている例などからも考察し、このコートにもその要素を取り入れました。

　心の傷を負った子どもたちは、家族や友人、ぬいぐるみや人形などと会話をすることで、心の中にあるトラウマの原因が心の外に出され、心が癒されることがあります。そこで、子ども用のコートには、クマ・アザラシ・ヒツジなどの動物を描い

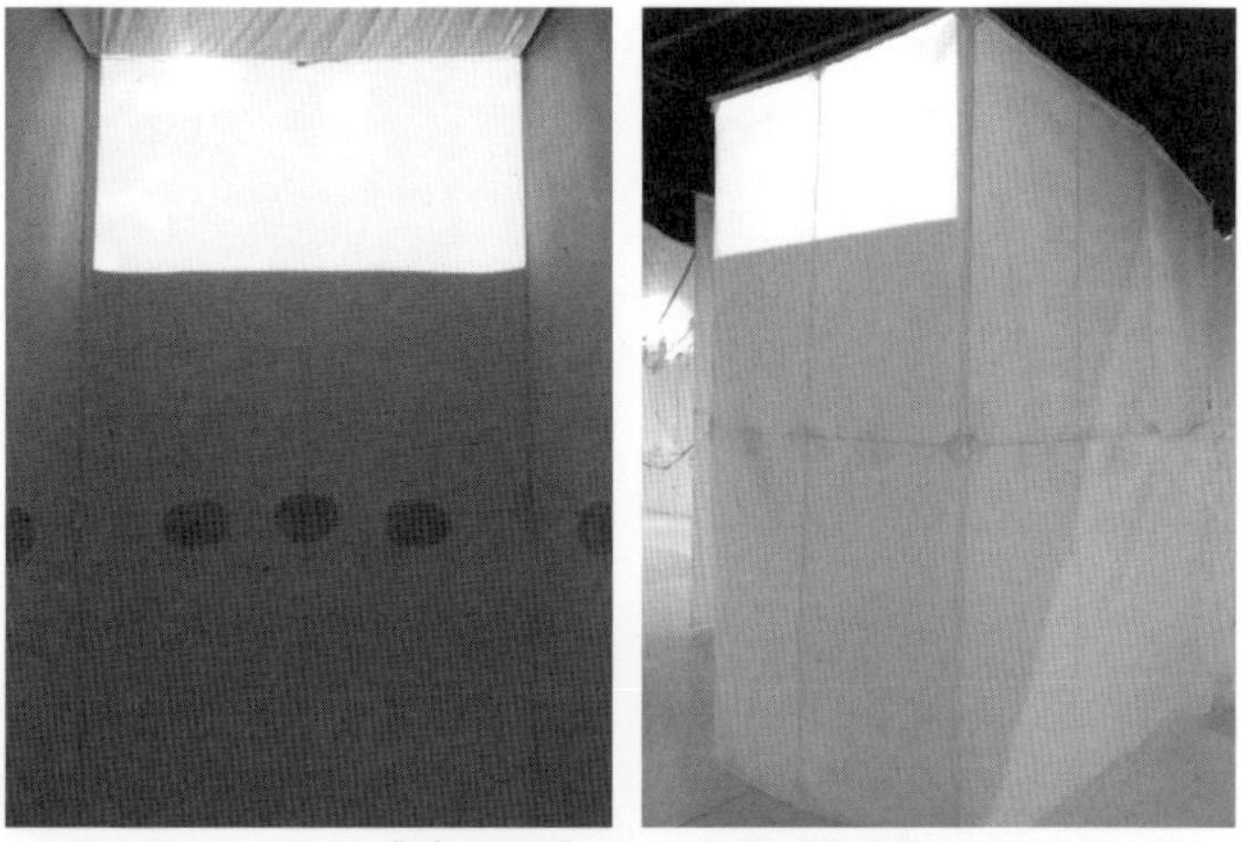

「プレファブ・コート T.M」展示風景：アクシスギャラリー

たポケット袋をつけました。手を入れると、それはポケット人形のようになり、友達や家族と会話を生むことを促し、心の傷を緩和できるようにデザインを行いました。傷を心にしまいこんだ子どもたちも、ぬいぐるみなどと会話することによって、心の中にあるものを外部に出すことができます。また、自分の気持ちをパペットに語らせることで解消できる傷もあります。友達や家族と遊び、会話をして、傷を外部に逃がすきっかけになればと考えたものでした。

〈4〉デザインプロダクト［A.X 2005 Prefab coat］

衣服は人のために何ができるのか。身体のみではなく、目には見えない心というものに何ができるのだろう。それを模索しながら制作してきたのが、女子美術大学研究所という芸術研究機関の支援を得て展開してきたプレファブ・コートA.Xシリーズです。造形活動を始めた頃からのテーマとなっているのが「生命」ですが、このテーマを追う過程では、心理学や哲学にも触れてきました。その中で、衣服が役立てるのではと思ったものがありました。PTSD（post traumatic stress disorder ポスト・トラウマティック・ストレス・ディスオーダー）、心的外傷後ストレス障害です。これは、事故や災害、暴力、犯罪などで身体的、心理的な傷害を受け、それによって心に傷を負ってしまうこと、また心理的にも精神的にも後々まで病んでしまうことを言います。そのような心の状態に、衣服はどのような緩和の手を差し伸べる事ができるのかと考え、このA.Xシリーズでは、哲学者、精神科医、臨床心理士、繊維企業、衣服製造企業、特殊繊維製造企業など、多様な専門領域の方々や災害体験者のご支援をいただきながらデザインを試みています。

PTSDの緩和の基本は、自己制御の回復、自己尊重の回復、と言われます。起こった出来事を記憶の中で再体験し、身の回りのことについて語り、事実を正し

「プレファブ・コート展」：アクシスギャラリー

く認識し、受け止めることが治療の第一歩であると言います。また、語ることに加え、歌うこと、作ること、人と関わることや、グループの中での自己表現も回復への治療として有効であると言われています。このプレファブ・コートA.Xでは、繋がる・会話を生む・書く・遊ぶ・プライベート空間の確保をする、他者と繋がり合う、などを大きな要素として、「孤立無援感の軽減が最重要である」とされるPTSD緩和へのデザインアプローチをしています。このプレファブ・コートA.Xは、二〇〇五年以来三回の改善を重ねて制作しています。そして二〇〇八年には、災害などが発生した際に救援する側のユニフォームとしてレスキューデザインを展開し、救援活動を行う方々にデザインの提供をしています。

プレファブ・コートで実現させたかったこと

二〇〇〇年に柏木博さんから頂いたテーマを解決できないままに、多様な社会の問題を考察しながら十年近くの間に様々なプレファブ・コートを制作してきました。二〇〇八年からフランスをはじめヨーロッパを巡回している展覧会には、日本人の精神と身体を育んできた「イネ」を原材料とした新素材のプレファブ・コートを出品しました。プレファブ・コートを通じて、私は何を皆さんに伝えたいのかあらためて考えてみますと、デザインによってこんな道を開いてみませんか、という提案を伝えたいのかもしれません。アートの思考をデザインに入れ込むことで、「モノ」は単なる用具ではなくなります。作る者、使う人の意思や考えや理念を表現するもの、あるいは実行するための道具になります。例えば、ヨーロッパの中世にはクラフトが、より自由なあり方を求めてファインアートと分岐したように、現代の日本では、デザインのより自由なあり方としてのファインデザインが生まれ、経済的な利益や流行、また、道具や利便性という役割の路から分岐しているようにも感じられます。その先触れというか、二十一世紀の時代の先端をゆく企画が、「E-12・生きるためのデザイン」であり、二〇〇四年に小池一子さんが企画された「衣服の領域　On conceptual clothing」展であったのだと私は思っています。

二十世紀は「物による豊かな社会」を目指した時代であり、デザインもそれを目的として突き進んできました。そして、現実に日本をはじめ多くの地域や国で、物が安価に大量に製造されることで、暮らしは豊かになり、人は長寿命さえも得てきました。物質が生活にもたらした貢献は計り知れないものが有ります。しかし、物によって豊かになった社会には、より高度な精神が必要であるということも多くの人々が気づき始めます。こうした背景があって、新しい方向性を持つデザインが必要とされてきたのだと思います。私は、アートという人の精神を支える領域は、個人にとっても社会にとっても常に必要であると考えています。そして、同時にデザインも精神を支える重要な領域になり得ると思っています。哲学や理念を持ち、高度な技術を用い、自らの手を道具として形をつくる、そのようなデザイン活動が広がり、次世代へと継がれてゆくなら、デザインは人の心を支え、社会を豊かにできるのだと思います。

プレファブ・コートとは、これまでのコートと何が違うのですか？とよく人に聞かれます。そんな時、私はこんなふうに答えています。「プレファブ・コートは衣服ですから、他のコートと同じように着用に必要とされる機能はデザインされています。しかし、異なるのは目的です。多くのコートは身体を外部から防御するのが目的ですが、プレファブ・コートは、内にある心を解き放つのが目的です」

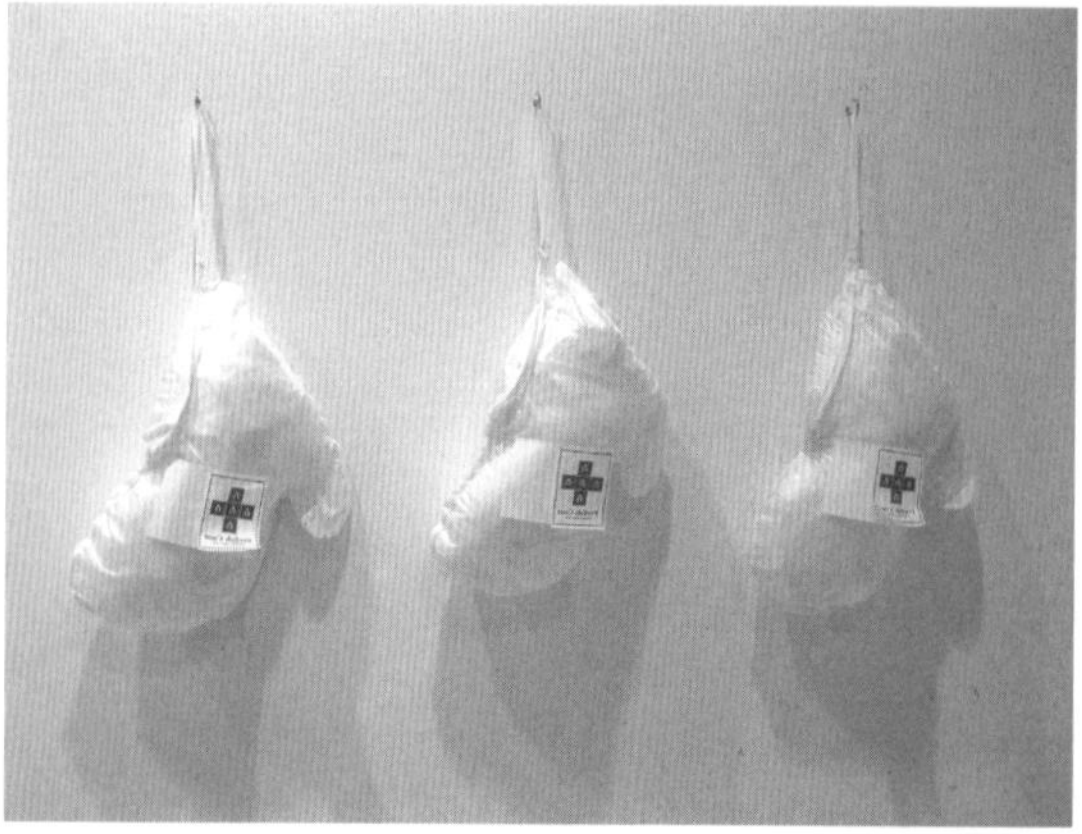

「プレファブ・コート A.X」パケット時

寄稿

衣服をまとう、心をまとう

信原幸弘　東京大学総合文化研究科・教授

数年前、眞田さんから「心と衣服」というテーマを探求していると聞いたときには、たいへん大きな衝撃を受けた。それまで衣服について主題的に考察したことのなかった私には、心という観点から衣服を考えるという発想はたいへん興味深く、新鮮に思えた。

哲学を生業としている私は、早速、心と衣服というテーマを哲学的に考察してみようと思った。心は身体をまとい、身体は衣服をまとう。身体を通じて、心は衣服をまとう。どんな衣服をまとうかで、心は明るくも暗くもなり、張りつめもくつろぎもする。

たしかにそうなのだが、それでは、心と衣服の距離が遠すぎるような気がした。もっと端的に、私のまとう衣服は私の心だとは言えないのだろうか。幸せに感じられる衣服をまとうことはまさに幸せな心をまとうことではなかろうか。

心は内に秘められたものと思われがちである。心の有様が顔の表情や身体の仕草として外に表されても、そのような表情や仕草は心そのものではなく、心の有様を表す信号にすぎないというわけだ。だが、本当は、心はたんに内なるものではなく、身体や環境にまで広がっているものではなかろうか。怒りの表情や仕草は、内的な諸感覚とともに、怒りを構成しており、怒りそのもの（の一部）ではなかろうか。

このような「延長された心」という見方からすれば、私がまとう衣服はまさに私の心（の一部）にほかならない。どんな衣服をまとうかは、他人にどう見えるかだけではなく、自分の心をどうするかという点でも、重要なのである。

暗い心も、明るい衣服をまとえば、明るい心になる。傷ついた心も、衣服で癒せる。眞田さんのプレファブ・コートは、まさにそれを実践しようとしたものであった。よい衣服をまとって、よい心をまとう。そんな衣服を、今後も、眞田さんは作り続けてくれるだろう。

信原幸弘（のぶはら　ゆきひろ）
1954年生まれ、兵庫県出身。1983年、東京大学大学院博士課程単位取得退学。現在、東京大学大学院総合文化研究科教授。専攻は科学哲学、心の哲学。現在、脳科学の基礎付けを目指して、神経哲学、脳神経倫理、脳科学リテラシーを研究中。主な著書に『心の現代哲学』（勁草書房）、『考える脳・考えない脳』（講談社現代新書）、『意識の哲学』（岩波書店）などがある。

第6章

フィールド・プロジェクト

field project

寄稿　地域もりあげの達人

髙辻ひろみ　財団法人せたがや文化財団　世田谷文化生活情報センター前館長

眞田さんと初めてご一緒に仕事をしたのは二〇〇四年五月のことでした。当時私は銀座七丁目にある資生堂の企業文化部に勤務していました。その二年くらい前に「並木通りのフラッグをデザインして展示したい」との企画をプレゼンされていました。なかなか面白そうだと思いながらも、どういう手順で実現していったらいいのか見当がつきませんでした。時間をかけ、地元商店街との折衝を続けるなか、面白がってくれる人も現れ、ついに実現したのでした。

著名なデザイナー、文化人から美大生までがフラッグのデザインをしました。シナノキ芽吹く並木通りを展示場にこれを掲げるだけかと思いきや、このフラッグはつなげるとなんと衣服にもなり、これを着た美大生のみなさんが思い思いのメークをして通りを歩くパフォーマンスもあり、並木通りが大いに盛り上がるイベントとなりました。

そのとき面白がってくださった商店街の方と眞田さんの間では、その後もコラボレーションが続いています。

今眞田さんは私どもの生活工房で、三年がかりの「セタガヤーンプロジェクト」を展開中です。小学生をはじめとする区民の方が育てた棉で糸を紡ぎ、衣を作り、その過程で「生活」のいろいろなことを考えていくのです。

「衣服造形家」という、最初は聞きなれなかった肩書に、最近では大いに納得している私です。

髙辻ひろみ（たかつじ　ひろみ）
東京女子大学文理学部心理学科卒業後、株式会社資生堂勤務。
社内機関誌編集、新規事業開発などを担当後企業文化部長を最後に退職。
2005 年 6 月より 2009 年 5 月まで財団法人せたがや文化財団世田谷文化生活情報センター館長。

フィールド・プロジェクト　心が動く、心をつなぐ

フィールド・プロジェクトは、「日本人としての私自身」を様々な地域の方たちと一緒に探してゆくプロジェクトです。「日本人としての私自身」を見出すという作業は、日本人としてのアイデンティティを探るということでもあります。伝統的な繊維文化や生活文化に目を向け、その根底に潜むもの、その原点に当たるものを、多くの方たちと一緒に追求してゆく過程が大切だと思っています。これまでに苧麻、羊毛、木綿、稲藁などの産地の方々とプロジェクトを行ってきました。一回のフィールド・プロジェクトを起こすためには、約二年の準備期間が必要です。プロジェクトによっては三年かけて準備をして第一回目を迎えるという場合もあります。気が長い話だと思われるかもしれませんが、フィールド・プロジェクトとは、物を左から右へ動かしたり、物を売ったり買ったりするだけで済む企画ではありません。「人」を主役とした企画であるために、人の心が動いていかなければ企画も動いてゆかないのです。多くの方たちと心を繋げるには半年や一年では足りません。季節が二回ほど巡る頃になると、ようやく気心が知れるようになり、手の携え方もお互いにわかるようになって、一つの目的に向かって一緒に進めるようになります。人と人が繋がり合うには、お互いに時間が必要なのだということが、フィールド・プロジェクトを行っているとよくわかります。

冬の新潟県十日町市風景

コンセプトノート「Field project」
1995年3月
ロンドンにて

日本で生まれた私は、その日本で育まれた文化、伝統、そして、それらを受け継ぐ同世代の人々と共に日本の美しさの確認をしたい。私とは何者か、日本人とは、日本の考えとは何なのかが、現代の日本人にははっきりと見えなくなっている。そして物を作り出すことの意味や、地域の独自性とプライドを考察すること、より大きくより確かな変化や挑戦が必要な時なのかもしれない。日本人は仲間、地域社会など組織的共同的な作業が得意であり、それが自然の中で育まれてきた生活習慣である。そしてこれからより重要となるシステムは、大きい社会の系列的組織ではなく、個人と個人の「輪」の重要性である。私は日本に戻り、まず行う仕事として、日本各地、各県に残る技術、そしてそれを継承し続けている人々と共に制作活動をしてゆかねばならないと考える。そして、各地域で育まれた伝統や技術、また暮らしの考えを学び、共に制作し発表をすることで、多くの人々にそれぞれの“存在”の再確認をしてもらい、私達が失ってしまっている伝統や文化、そして自分たちに対する自信を再発見し確認をしたい。私は、私と同じ世代の日本工芸及び伝統的技術に携わっている日本の各地域の人々と、同じ意見を持っている、感じている人々との共同作業を行いたい。そしてその作業を通し、過去の自分たちを再確認し未来の私たちを見出したい。この仕事は私にとり大変な時間と作業を伴うことになると思う。しかし、私が今すべき作業であると思う。それは、今の私達、今の日本を再確認するきっかけとなり、日本の私達、世界の私達、そして、自然の中での私達の存在を再発見することになると信じている。

ウール・イン・ウール　岩手県　羊毛

私がイギリスから帰国したのは一九九五年ですから、もうかれこれ十四年前になります。二十九歳からの私の記憶は、高速のように、そして粗い画質の印刷のように、なんだか鮮明に覚えてなく、今思うと駅のホームに立ちながら速く過ぎ去った新幹線を見ている時のように、あまり記憶されていないようにも感じられます。

さて、一九九五年春に日本に帰った私は作品を制作しなければと思ったものの、それまでイギリスで主素材としていた原羊毛が日本ではどこで入手できるのか考えていました。日本の丘に羊はいないし、動物園で見るぐらいだとあらためて思ったのです。そこでいろいろな情報を調べようやくわかったのが、岩手県にある小岩井農場に羊がいるということ、そして、羊毛を分けていただけるかもしれないということでした。小岩井農場は乳製品などでは有名ですが、それ以外に予備知識は何もありません。東京から遠く離れた岩手の地で羊たちがどのように生きているのかも想像がつかないままに電話をして、ようやく羊毛を少量だが分けていただけることになり、安堵したのを覚えています。そしてこれがご縁で、準備期間を入れると約七年間に及ぶ､羊毛のフィールド・プロジェクト「ウール・イン・ウール」が始まったのでした。準備に三年かかり、二〇〇〇年に第一回を開催、その年から四年間に渡って毎年夏、コーディネーターの土田真理子さんとともに大規模なプロジェクトをさせていただきました。この周辺地域には日本で唯一残るホームスパン産業の工房があり、その工房の方々との企画や、小岩井農場の羊毛を素材として制作した私の作品の展示、また、全国の美術学生のコンペを開催して、応募作品の野外展示も行いました。小岩井農場は、とにかく良い場所で、特に夏の夕方四時ごろの夕日と、緑の丘、そして、香りや光りが今も感覚として蘇るほど美しいところでした。この

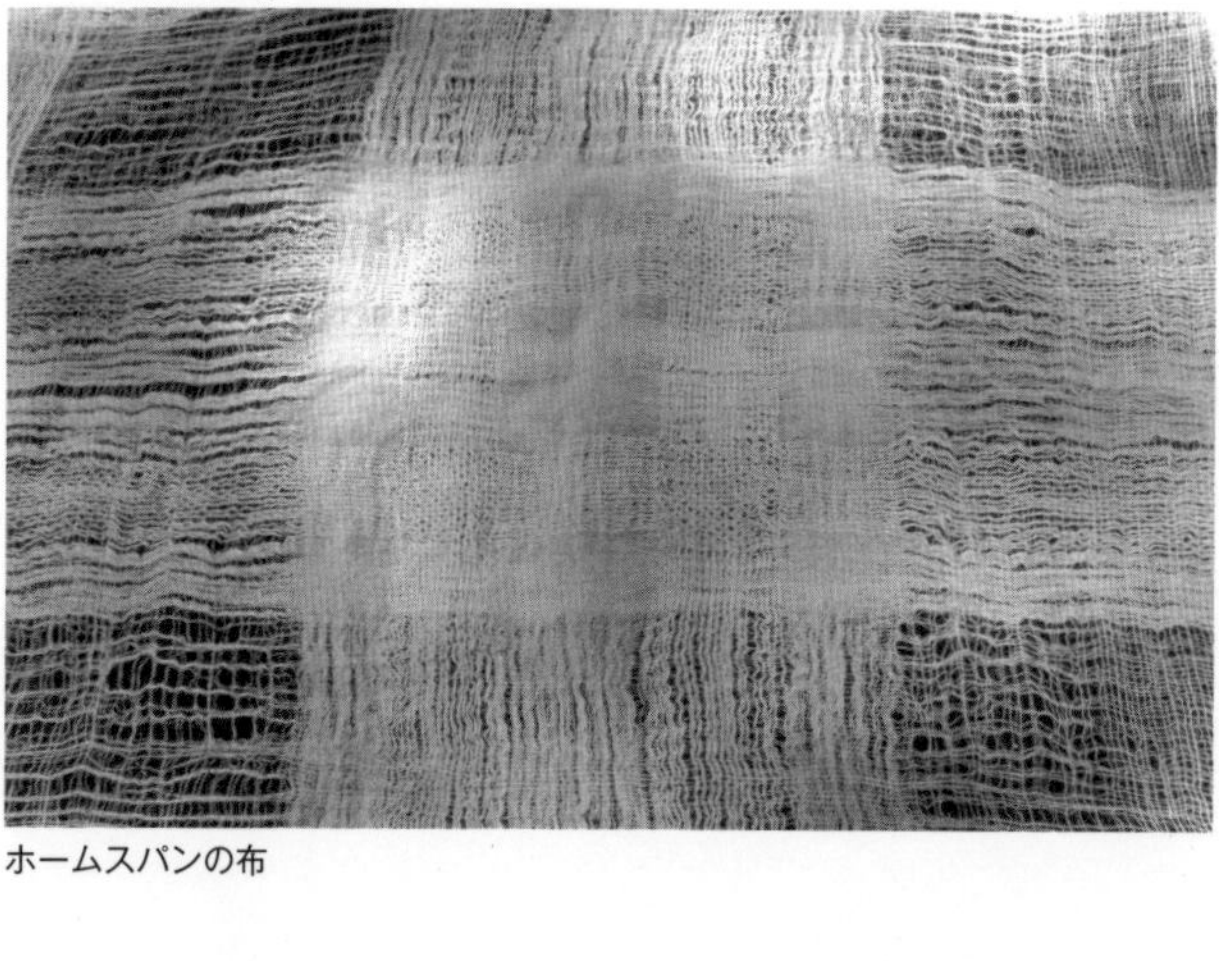

ホームスパンの布

岩手の地で育った羊は、岩手山から吹き降ろす風に育まれます。そしてその羊毛は、その風土に適応するようにクリンプが意外と多くあるように感じ、またコシがあって糸やフェルトにするととても良い味が出ます。日本産の羊毛は凄い……と、手に感じつついくつもの作品を制作させていただきました。これが私の日本での大型フィールド・プロジェクトの第一弾となりました。

アンギン・プロジェクト　新潟県　苧麻

アジアの中の日本という島では、蒸し暑い夏と乾燥した冬の気候の中で人々が生き続けてきました。この気候風土の中で、自生する植物から繊維を取り出し、糸に績み、編組をして身体を包み生きてきました。平安時代の書物には、子どもは裸で外を走り回り……という記述があり、また庶民の多くは一年中着の身着のままだったらしく、奈良、飛鳥時代の書物には「衣服を与えられていたが、洗濯するにも一枚しかないので困る」というような役人の記述も残っています。こうした記述から見えてくるのが、衣服がとても貴重なものであったということです。昔の布作りや糸作りは大変な作業と技術を要していました。税として布を納めさせることが長い期間続いたのも布が貴重であったからだと思われます。日本では長いこと植物から繊維を取り出して糸を作ってきましたが、この作業は羊毛やコットンが繊維の中心だった諸外国に比べて多くの行程が必要でした。木の皮や植物の茎を煮出したり腐らせたりしながら靭皮を取り出し、余分な部分をヘラの様な物でそぎ落とし、薄皮にして、細く裂きながら長く繋いでゆく。その作業は本当に大変で、根気と膨大な時間を費やしたはずです。

日本の古代の繊維を挙げてみると、シナの木や葛、藤の木や大麻などの植物をはじめ、苧麻やアカソと言われる自生植物などがあります。そして、日本で最も古い布の例としては、福井県鳥浜貝塚から出土した、編布（アンギン）と名づけられた布で、日本海側で多く出土している苧麻の靭皮などを糸として編んだものです。現在の考古学によると、日本人は約七千年前から何かしらの編組布を作り始め、着用したと言われています。そして前述の鳥浜貝塚から出土したものは、約六千年から七千年前の縄文期に制作されたものとされています。よく知られているように、この時代の土器には、この編みの圧痕や縄の痕があるため縄文土器と呼ばれています。日本では、それから二千年以上経ないと織りという技術は見ることができないと言われ、その間は、編組による布が主に日本人を包んできたようです。

最も古い布のひとつといわれるアンギンは、現在では新潟県十日町市の博物館内で活動を続けている越後アンギン伝承会の方たちが伝承をしています。私がそれを知ったのは、二〇〇二年のことでした。ある書籍に書かれていた小さな記事を頼りに連絡を取り、講習をさせていただきに十日町市を訪れました。その翌年、北川フラムさんに声を掛けていただき、その周辺地域で行われている大地の芸術祭越後妻有アートトリエンナーレに参加することになりました。そこで、私は日本人のアイデンティティを再考したいと考え、この越後アンギン伝承会の方々とともにフィールド・プロジェクトを行いました。それから毎年夏には若い人たちを連れて十日町市を訪れアンギンの体験をさせていただいています。この地域に自生する苧麻を刈り取り、そして外皮を剥がし、靭皮繊維をとり綯い、糸にしたものをアンギンという編み方で編み上げます。

アンギン編みはとても時間のかかる根気の必要な仕事で、現在で言う「俵織り」もしくは「すだれ織り」や「捩り織り」のようなもので、縦糸を何本もセットして、

圧痕が残る縄文土器

横糸を入れながら縦糸を交互に交差させながら編んでゆきます。編みと言っても現在のニットとは大きく異なります。これを古代の人々が発明したと思うと、凄い、と感嘆するしかありません。

人間は元来、このように自分たちが暮らす場で採れる動植物で衣食住をまかない、生活をしていました。またそれが地域の自然や気候風土の中で暮らす絶対条件でしたし、自然の中の生物としての人間の有り様なのだと、このアンギンに触れているとつくづく思います。

フィールド・プロジェクトから拡がる交流

越後アンギン学習会

新潟県十日町市博物館と、そこを主活動の場としておられる越後アンギン伝承会の方々との交流は、二〇〇二年に私が単身で伺って以来続いてきました。アンギンは、縄文時代（六千年前）の地層から出土した、日本最古の布であり、イラクサ科の植物から作られた最も古い衣服例としてあります。アンギンの用途は一般的に労働着と見られ、素材が強く、糸も太く撚ってあることから、野外の荒い作業に適した衣服として中世から近代まで活用されたことが確認されています。アンギンは、原料である苧麻が豊富に自生していたこの地域の環境から生まれていますが、後に作られるようになった越後上布も、糸を白くしなやかに晒すのに必要な大量の雪がある環境から生まれています。通常一反の布を織り上げるのに一年かかったと言われる根気のいる仕事を、長い冬の間、女性たちが担い、地域の産物としての地位を確立してきました。

アンギンを編む技法は、越後アンギン伝承会の皆さんが今も受け継いでいます。

越後アンギン

毎年、女子美術大学の私のゼミの学生を中心にした十五名前後と、二泊もしくは三泊しながら越後アンギン制作を学びに新潟県十日町市へ伺い、世代と地域を越えた指導と交流をさせていただいてきました。この学習会で学ぶことは、アンギンという日本最古の布の成り立ちと技術、そして、実体験することで得られる感動です。しかし、我々がもっとも大切だと考えるのは、現地でお世話になる越後アンギン伝承会の方との交流です。伝承会の方々は、お孫さんがおられる年齢の方々が多く、なかには八十歳を超える方も指導に当たってくださいます。皆さん多くの人生経験があり、心豊かな温和な方々で、一人一人の学生の隣に座り、技術の事だけでなく、日々の暮らしの事や、孫の事、または、昨日の出来事など話をしながら、六千年前から続く布作りを教えてくださいます。そこには、技術のみを伝えるのではなく、日本の風土が育み伝えてきた人の優しさや思いやりの気持ちが伝わる触れ合いの場があります。毎年感じることは、この学習会へ行く前と行った後では学生たちの表情がまるで違うということです。それは無機質になりがちな都会生活をしている学生たちが、手から手、心から心へと技術を伝えていただくことにより、豊かな生命力を得るからだろうと思います。そして十日町からの帰路で、生き生きとした学生たちを見る度に、この体験学習の成果を実感し、皆さんへの感謝で胸がいっぱいになります。このような機会をいただくことで、若い人たちの中に、美術作品を制作するにあたって最も大切な心が芽生え、育まれていくのだと感じています。

日本人と稲穂

古くから日本人の生活の中心にあったのが「稲」でした。収穫後に残る草皮（藁）

は『衣』や『住』を支え、その実（米）が主食として日本人の『食』を支えてきました。草皮（藁）は、神事や祭事にも使用され日本の『精神』をも支え続けています。また、田のある風景は、多くの日本人にとり、心の拠り所であり、気候風土が培った記憶でもあります。そのような「稲」を中心に据えたプロジェクトを二〇〇三年からいろいろな形で行っています。千葉県の鴨川にある千枚田を拠点にして東京の丸の内や六本木でワークショップなどを行い、都会の方々にも「稲」に触れてもらう機会をつくりました。

千葉県鴨川の千枚田（棚田）とは約七〇〇年前の文献にも記述が残っている歴史ある水田です。この千枚田の魅力は美しい景観です。しかし、それだけではありません。棚田オーナー制度を設けているので、地域以外の人たちも田んぼの持ち主となることができ、田植えから収穫までの作業を経験できます。私もここで田んぼを借り受け、スタッフや希望者の方々とともに稲を育てています。二〇〇三年に森美術館で行った「稔りを編む」のワークショップや、六本木ヒルズにある日本料亭Anの協力を得て行った「富草の席」という企画では、稲のすべてを使い、私たちの内にある「日本人」とは何か。という自分自身を見つめ直す試みを行いました。それは、「稲の草皮＝藁」と「稲の実＝米」を通じて、触覚、嗅覚、視覚、聴覚など皮膚、身体感覚から稲を感じ、風土と人、そして、生命や心の豊かさを共有できる場を作る試みでした。例えば、稲藁の造形作品の展示、藁の器や道具に囲まれた食事の場をつくるというのもそのひとつです。その際には、料理評論家・山本益博さんが「食」の面からプロジェクトを一緒につくりあげてくださいました。味覚や嗅覚、そして触感などあらゆる感覚で「米」を味わえる膳が饗され、身体感覚によって「稲穂」を体験するという機会を作ることができました。日本人の身体の奥底に眠っていた衣食住の基本「稲穂」を意識に呼び戻す、そんなプロジェクトになった

稲藁作品展示風景

と思います。

稲穂のプロジェクトは、企業の支援などを受けて大きな企画を行う場合もありますが、それがある時にもない時にも、毎年、スタッフや仲間と田植えをし、草を取り、刈り取りをしています。稲にまつわる作業は私たちの一年のスケジュールに組み込まれ、どの作業も季節の節目になり欠かせない行事となっています。

丸の内（稲穂）デザイン・プロジェクト　都会と棚田を結ぶ

丸の内（稲穂）デザイン・プロジェクトは、東京の丸の内と千葉県鴨川の棚田の二つの場所を舞台にしたプロジェクトで二〇〇五年に開催されました。これは、田植えから収穫を体験し、収穫した米も藁も使い、「稲」を余すところなく使ったプロジェクトです。稲を通じて「衣・食・住」のデザインを体験し、日本の「人・文化・暮らし」の素晴らしさを多くの方々と共感したいと考えて行いました。

ここに参加された方々は、主に東京丸の内に勤務している方々であり、日本や世界の先端の情報や経済に関わっている方々です。一方、この企画の主役とも言える「稲穂」は、鴨川にある大山千枚田（棚田）のものです。海ほたるを渡れば、丸ビルから二時間弱、ゆるやかな曲線で区切られた水田が山の斜面に並んだ美しい景色を見ることができます。現代に生きる私たちは、分業社会の中で、作り手、使い手、食べ手に振り分けられ、「稲」が育くまれる環境からは隔たれた暮らしをしています。そんな暮らしをしている都会生活者に、自分たちを振り返り、自分とは何か考察するきっかけを作ってあげることができたなら……そんな思いから、この二つの場を結びつけました。三菱地所ビルマネジメント株式会社のご支援を受け、山本益博さ

「富草の席」展示風景

ん（料理評論家）、山本美穂子さん（染織家）、二宮とみさん（染色家）、渡辺幸裕さん（ビジネスコーディネーター）などとともに一年間に渡るプロジェクトに取り組みました。

一年間には次のような企画を行いました。

（1）千葉県の棚田で稲穂を育て収穫する。（参加者へ収穫後、一人二キロの玄米をお渡ししました）
（2）丸ビルにて自分が育てた米で本物のおむすびを作り、藁で半紙を漉く。
（3）丸ビルにて自分が育てた藁で正月飾りを作り、米で餅をつく。

五月から九月まで数回大型バスを借り切り、一緒に丸ビルから大山千枚田に出かけては、美しい自然の中へ行き、おいしい空気を吸い、大地の恵みに感謝しながら時を過ごし、また東京に戻ってきます。秋になって稲穂が稔り、刈り取りを終えると、丸ビルのレストランをお借りして山本益博さんご指導のもと、収穫したお米を炊き、おむすび作りを体験します。その際には山本さんが選んでくださった日本でも有数の海苔や塩が使われ、贅沢極まりない時間を持ちました。またその日の午後には、収穫した藁でワラ半紙作りやハガキ作りを行ったのですが、ワラ半紙が藁からできているということを知らない方が意外と多いことにビックリもしました。確かに最近ではあまりワラ半紙も使用されないのかもしれません。私が子どもの頃には、いつも身近にあったのを思い出します。

東京の人口は毎年増え続けていると言います。しかし地方の村では、急激な過疎化が進んでいます。そのような時代に生きる私たちは、これからどのようにして生

大山千枚田

きる嬉しさ、出会う楽しさ、そして、年齢を重ねる大切さを次世代に伝えてゆけばよいのか、皆さんと一緒に探してみたくて、この丸の内（稲穂）デザイン・プロジェクトを始めたように思います。田植えから収穫までを行い、収穫した稲を余すところなく「衣・食・住」に使う。日本各地で当たり前に行われていたこのような営みを、都会に暮らす私たちも体験し、風土、人、身体、生命、伝統、文化などについて多くの方々と共に考え、共感しなければならないと思っています。

こころを継ぐデザイン　衣食と場を装う

日本の行事を調べると、とてもワクワクしてきます。お祭り気分になるというだけではなく、地域の子どもの心の成長を促し、地域社会の連帯を強め、そして、暮らしの基礎を築くという意味でも、季節の行事が大きな役割を果たしているのではないかと思うからです。そして面白いことに、日本の行事や祭事の多くは、「時・場・衣・食」によって成り立っています。例えば、一月一日は、お節料理と晴れ着によって祝いの場が作られます。

二〇〇六年の一年間をかけて日本料理の老舗、金田中の若主人・岡副真吾さんと手を携えて行った企画があります。渋谷のセルリアンタワー二階にある日本料理・金田中「草」において、日本伝統の五つの行事「五節」をテーマとしたプロジェクトを行いました。五節とは、正月の七草、雛祭り、五月の端午の節句、七夕、そして重陽の節句というように季節の節目に行う行事です。正式な呼び方では、人日の節句（じんじつ）、上巳の節句（じょうし）、端午の節句（たんご）、七夕の節句（しちせき）、重陽の節句（ちょうよう）となります。私は、古来日本では、風土が人の心を培い、人は季節ごとの行事や祭事により〝心〟を継いできたと考えました。そして日本の行事の中でも特にこの五つの節句は、季節が恵む植物を食し、また季節にあったものを身につけることで身も心も〝清める〟という意味が込められていると考えたのです。昔の日本人は「時・場・衣・食」をデザインして、その節目に応じた「ひとつの環境」を作ってきたのではないかと思っています。この企画では、季節ごとの五節句という「時」に、金田中「草」という「場」で、私の「衣」と岡副さんの「食」をひとつにしました。そして日本の風土に培われた日本の心を賞美し、「心を継ぐデザイン」というものを多くの方々と、確かめてみたいと考えました。

ちなみに、日本人は、料理を椀や皿によそう（装う）と言い、衣を身体によそう（装う）と言います。

「五節を装う」展示風景：金田中「草」

◆「五節を装う　一月七日・人日の節句」の衣と食

初節句となる一月七日の人日の節句（七草）では、新たな年を迎え、春の訪れを喜ぶ。新たな生命の息吹を愛で、初物の食物をいただき、新たな生命を身体に取り込む。心身が、「アラタ」に生ることを願った行事として続いてきました。春の七草（せり、なずな、ごぎょう、はこべら、すずな、すずしろ、ほとけのざ）の息吹を食します。

〈衣〉私が「アラタのための白紙—零の装い」とした紙の〝衣〟を作りました。この白紙の衣とは、「零」になるための装で、「新たなる私」を歩み始めるための装いであり、良き一年となるようにという願いを込めました。衣は、簡易なエプロンの形態をしており、お客様方にお召しいただきました。またテーブルの設えもデザインしました。

〈食〉岡副さんが「白の献立」として、白の食を作りました。初皿のメニューより抜粋します。

へぎ板　　鯛の昆布〆 丸地炊き塩昆布を巻き
　　　　　唐墨 安平鋳込み　小角鱧板
　　　　　しらうお蒸上げ 刷毛醤油 蕗の唐
つぼつぼ　雲子豆腐 ふく白子のせ ぽん酢
筒竹　　　数の子粕白和へ
　　　　　金子酢白子和へ
　　　　　海月練りうに和へ

平成十八年　人日の節句にあたり

「五節を装う」展示風景：金田中「草」

寄稿　銀座の旗 渋谷の布 デザインに命を与える眞田岳彦の想い

岡副真吾　日本料理 金田中 若主人

銀座、並木通り、資生堂本社前のポストは青い。街の景色に合せ、赤いものを青くする力とは。

二〇〇四年「コミュニティー・コミュニケーション銀座」が並木通りで行われたきっかけは、眞田さんが青いポストに抱いた疑問から始まった。女子美術大学各校から銀座をテーマにした作品が集まり旗と成り、五月の並木通りの街路灯に架かった。銀座、西並木通り商店会、私の役目は銀座の人たちからの作品集めとイベントのための各種調整。老舗の版画店主、渡邊さんと力を合せ、お手伝いをした。眞田さんと知り合ってから実現までに約二年、途中の紆余曲折は省略しても、学生たちが活き活きと銀座の街を彩ったあの光景は風に揺れた旗と共に心に残る。

このご縁が【五節を装う】に繋がる。これは私の店「渋谷セルリアンタワー 金田中 草」で、五つの節句の意味を探り、その期間、眞田さんは布で店を飾り、私は食を合わせた。今まであたり前にしていたことの意味やこの国の文化の取入れ方をここに学んだ。眞田さんの仕事の流儀は色々のことや物を繋げていく。あり得ないと思うことを結んで、そこに意味を持たせる。想いが周りを巻込み形となる。眞田さんの繋げ方は自らが言った事に対して根気強く丹念だ。その丁寧さの底にある熱き想いが人を動かし、友情を育む。五月、五年ぶりに並木通りに旗が架かる、時を同じくする出版に友情を添えた祝意を贈りたい。

岡副真吾（おかぞえ　しんご）
1961年東京生まれ。慶応義塾大学法学部卒業後、「金田中」三代目として修行を積む。
料亭「金田中」のほか、銀座に「金田中庵」「岡半本店」、渋谷セルリアンタワー東急ホテル内「金田中 草」「数寄屋 金田中」、新宿「炭火焼 円相」白金「cafe 茶洒 kanetanaka」など、様々なスタイルと価格帯の店舗を展開している。

セタガヤーンプロジェクト

二〇〇七年～二〇〇八年　庭を編
二〇〇八年～二〇〇九年　棉の庭
二〇〇九年～二〇一〇年　―企画進行中―

人間にとって本当の豊かさとはなんだろう……世田谷の方々と一緒に「綿」を通じてその答えを探しました。かつて日本の多くの地域で栽培されてきた綿を植えて、収穫したワタで糸に手紡ぎしました。そして展覧会を行い、伝統と先端の綿文化の紹介などから鑑賞者それぞれに「本当の豊かさとは何か」を見つけていただいているプロジェクトです。このプロジェクトは、世田谷文化生活情報センター生活工房と手を携え、またここを会場として二〇〇七年から三年で完結する企画としてスタートしました。この時、世田谷文化生活情報センターの館長をしていらっしゃったのが、銀座並木通りでプロジェクトを行った際に資生堂文化部長を勤めておられた髙辻ひろみさんでした。以前から世田谷の街を見つめる企画を考えていたとのことで、この企画にも賛同してくださいました。世田谷には美術館も文学館もこの文化生活情報センターもあり、文化的な施設と人材が充実した地域です。このような場で私に何ができるのか、初めの頃は、市川室長や担当の黛さんたちといろいろと悩みながら話をしたものでした。そのうち世田谷らしいものを見つけるよりも、世田谷から発信してゆくもの、この地域が持つ力を活かせる企画を行ってみては、ということになり、環境問題に目を向けるようになりました。そして屋上緑化や、べランダ緑化、学生さんが多く暮らす地域でもあるのでワンルームでの緑化など、身近な生活から環境や豊かな心について考えてゆくような企画をしようという話が盛り上がりました。その際に素材として挙がったのが、綿でした。種の植え付けから、開花を迎え、実になり、秋には繊維を収穫できる。この綿を世田谷の屋上に植えて第一歩を踏み出すことになりました。

綿は、日本人には馴染み深い素材です。特に近年はオーガニックコットンなどが多く出回り、身体と繊維の関わりや、触感の大切さを多くの方が実感しています。そんな中でのプロジェクトです。しかし、調べると屋上を貸してくれそうなところがほとんど見つからないのです。そして、知り合いをあたるうちに、ようやくあるビルの屋上ならば綿畑にしても良いという許可をいただき、世田谷美術館の学芸員・野田さんはじめスタッフともども屋上での開墾という辛い畑仕事をしました。そして、双葉が出た！枝が伸びた！夏には花が咲いた！などなど一喜一憂しながら月日は流れ、なかなか思うように育たなかったものの、秋には世田谷産綿の収穫期を迎え、植え付けたメンバーが集まって、綿の実をひとつひとつ手で摘み取りました。

なぜ綿なのか

人と綿のかかわりは実に深いものがあります。ヨーロッパでも日本でも、衣料革命と呼ばれた衣服・繊維による経済の革命的変化は綿から起こり、その後、産業革命へと繋がってゆきます。また、日本ではもともと、麻、苧麻、木の皮、植物の茎から採取する繊維が庶民の衣料の素材とされてきましたが、十五世紀ごろ渡来した綿が人々の暮らしを大きく変えました。麻や木皮の場合は植物から繊維をとり、それを績み、繊維に捻りを入れて長く繋ぐことで糸を作りました。しかし綿は収穫してすぐに糸を作ることができ、また色を染めることも容易にできたので、人々は長い作業時間から解放されて、多様な衣服づくりも可能になりました。子どもから大人まで誰でも栽培が可能で、日本の生活や文化を支えてきたこの「綿」ならば、世代や職業に関係なく「本当の豊かさ」を考えるきっかけを与えてくれるのではないだろうか。それが綿をプロジェクトのテーマに据えた理由でした。

糸を紡いだ子どもたちはこんな感想を持ってくれました。「育つかどうか心配だったけど花が咲いて嬉しかった」「服がこんな植物からできていたなんて知らなかった」そして、綿を栽培した家庭では、綿を通じて家族の会話が増えたというエピソードも聞いています。すべての生命がそうであるように、綿も環境や土によっては、うまく育たない場合もあり、人間の思い通りになるとは限りません。そんな生命の儚さ、不思議も多くの方々がこの体験から感じ取ってくださったように思います。また二〇〇九年には、参加者が紡いだ糸約六〇〇本を天井から吊るし「糸の森」という空間をつくったのですが、細く長く糸を紡げた方もいましたが、三センチほどしか紡げなかったお子さんもいました。しかし、三センチの作品も人の手を感じさせる素晴らしいもので、上手く均一に作られているかそうでないかは、造形物としての価値には関係ないのだとあらためて感じました。物と情報があふれて、そのための弊害が社会問題になっているこの時代に、生命の儚さや力強さを感じ、自分の手で物を作る喜びを感じることで、多くの参加者に庭やベランダ、家の中でも「心の豊かさ」を実感していただけたのではないかと思いました。

二〇〇八年、二〇〇九年の二回のプロジェクトだけで、世田谷の方々約九〇〇名が参加してくださいました。地域の人々が参加することで、地域の方々の時間がより豊かなものとなれば私も嬉しく思います。

セタガヤーンプロジェクト '09「糸の森」展示風景
世田谷文化生活情報センター生活工房

コンセプトノート
「生活工房から始まること “豊かな心”」
2008年

「生活」とは、“いのち”が生き生きとすること。そして、「工房」とは、生き生きとした事や物が生まれる場所。そのように私は思います。その場所で、私の仕事である「衣服」を通し、皆さんと一緒に何を作り出す事ができるのか。または、この場所からどのように生き生きとした事や物が生みだすのか。たくさん考えました。世界で六十七億人以上の人が衣服を着ています。つまり衣服は、言葉よりも音楽よりも絵画よりも、世界中の人に当たり前にある「生活」の中の記号として、道具として、表現方法としてあるのだと思います。そして、私が感じた世田谷らしさは、東京という都会でありながら多くの農地があり、また、多くの家族が住み、豊かな家庭や「生活」が営まれているという点でした。それらをベースに考え、「生活工房」から日本中に、世界中に広げてゆきたいことが生まれてきました。それは、世界中何処でも、人が暮らす場所、家族や大切な人と時間を共にする場所こそが、最も生き生きと「生活」できる場所でなければならないということ。言い方を変えれば、人が、“より楽しく嬉しい心”、“より豊かな心”を感じることができる場所であるということ。そのような気持ちになれるきっかけを得る場所が、この「生活工房」でなければならないと思いました。人の“心が満ちる”感覚や感情は、遠くの国や場所にあるのではなく、私達のいるこの場所、あなたのいるその場所にこそあるのかも知れません。一番大切な人や事、そして“豊かな心”とは、いつもの「生活」から始まるのだと思います。

世田谷産綿

第7章

エデュケーション

education

次世代の育成とは

「教育」とは、文字通り「教え育むこと」なのでしょう。私は二〇〇一年に女子美術大学で特任の助教授として迎えていただき、その年は同時に母校である桑沢デザイン研究所でも非常勤講師を始めました。大学の仕事を意識し始めたのは、イギリスにいたころだったと思います。リチャード・ディーコン氏のアシスタントをしていたことから、陶芸家のジャッキー・ポンスレットや、画家のリサ・ミルロイをはじめとするアーティストにも出会ったのですが、彼らのようにアート領域で活躍している人々の多くは、大学で若い世代の教育をしていました。要するに、時代を引っ張っているプロが次世代の育成に関わっているわけです。実は、これを知った私は少し驚きました。というのは、私は日本の美術やデザインの教育にある漠然としたイメージを持っていたからです。大学で美術やデザインを教える先生方は、教育を専門としている方や熟年期を迎えた方というイメージです。ですから、イギリスでまだ若く第一線で活躍しているアーティストたちが大学で次世代の育成に関わっている姿を見て、イギリスのアートの頼もしさ、懐の深さを感じたのでした。そして、私も日本に帰ってから大学に関われるようになれるとしたら、それは物を作り出す活動と同時に大切な活動のひとつになるだろうと感じていました。そして、なんと三年後にそのきっかけが訪れることになります。ちょうど女子美術大学がファッションとアートを融合させた新学科を設立するとのことで特任の助教授をさせていただくことになりました。そして、それがきっかけとなり、現在はいくつかの大学で教壇に立たせていただいています。それらの大学や地域、また専攻が異なる学生たちには、私が専門とする繊維や衣服造形を学び、自分たちで交差させながら新たな可能性を見つけてもらいたいと思っていますし、学生時にアートやデザインに触れたことで、彼らの人生がより豊かになれば嬉しいと思います。そして、今、衣服の領域は他ジャンルと関わりながら多様性を持ち始めていますので、私と同じ衣服の領域を目指す人たちには、いろいろな事や人と出会い、驚きを重ねて、自分なりの「衣服と造形」の方向性を見つけ、人や社会に役立ってもらいたいと願っています。

学校ではない場所で伝える

「教育」が自分の仕事のひとつとして大切に思えるようになってくると、不思議なことに教育機関以外から「教育」に関する仕事をいただくようになりました。教育機関以外というのは、美術館やギャラリー、または、行政機関や企業などです。振り返ってみれば、十五年ほど前の日本の美術館には美術を教育によって普及させようという意識は、一部の学芸員以外あまりなかったように思えます。しかし、そのような中でも、意識ある学芸員やキュレーターの方々は、ワークショップのようなものをすでに始め、根気強く行っていました。それが近年の生涯学習などのブームや参加型のアート鑑賞など時代性に後押しされ、盛んになっていったようです。ワークショップという言葉は、今ならば多くの人も知っている言葉ですが、十五年前、十年前はそれほど一般的ではなくて、チラシに参加者募集を掲載する際も「ワークショップと書いてわかってもらえるだろうか」と考えたことを覚えています。このように大学などの研究教育機関とは、異なる場所でワークショップを行なう場合には、集まる方も多様で、幅広い年齢層の方が参加します。そのような中、私たちは何を皆さんにお伝えすればよいのか、またどのような素材を使用すれば人生も経験も異なる方々と上手にコミュニケーションを取ることができるのか、いつもそれを

学生作品講評会

考えます。また現在様々な地域と種類が異なるフィールド・プロジェクトを行っていますが、体験して学んでもらうというワークショップのような企画を必ずそこに取り入れるようにしています。主役である地域の方たちに、自分たちの地域の気候風土や伝統の技術を知り、自分たち自身を再確認していただくことが最も大切な目的だからです。

紡いでみせると学生たちは黙る

私は女子美術大学をはじめ、いくつかの教育機関で講義をさせていただいています。その中でも特に特講という講義の際は非常に緊張します。一回のみの講義で、初対面の挨拶から始まり九〇分で終わる、いわゆる一期一会の授業です。講演ならばこちらの情報を皆さんへお渡しするだけでよいのですが、私の講義は一緒に作業を行うことが多く、そうすると、お互いの意思の疎通というか、距離感が重要になってきます。ところが、若い人たちは現代の情報社会の中で生きてきているので、私の作品の写真やムービーなどを見せてもテレビやパソコンと同じで、どこか遠くの人が作ったものとしか映らないようでなかなか実感を持ってもらえません。でも、そんな難しさも意外と小さな出来事で解消されてしまうようです。

以前、ある大学の特講に呼んでいただいた際、まず私の仕事を説明したりスライドを見てもらったのですが、その表情は「他人ごとを聞かされている」といった感じで興味を持ってもらえていないようでした。そして講義の中盤、学生さんたちは糸を紡いだことなどないだろうと思い、木製の紡錘（スピンドル）でウールを紡いでもらう作業を始めました。学生さんたちにスピンドルとウールを手渡し、説明を

紡錘（スピンドル）

している時までは、特に男の子たちは「何でこんなことしなくちゃいけないの？」という目でこちらを見ていたのですが、私がお手本として紡いで見せ、その後に学生さんたちにもやってもらうと、そこから面白い現象が見られたのです。何事にも興味がなさそうだった彼らの顔色が変わったのです。というのは、たった今まで目の前で行われていた糸紡ぎはいかにも簡単そうだったのに、自分たちが実際にやってみるとまったくできなかったからです。説明の段階で「これは縄文人も行っていた数千年前からある技術ですよ」と言ってあったので、自分たちは進化した現代人であるからもっと容易くできると考えていたのかもしれません。ところが、実際やってみると難しく、まったくできないという現実に愕然とするらしいのです。まったくできないところから数十分もやっていると、少しだけできるようになる。授業での体験はそこで終わります。そして再び講義に戻ると、これが本当に不思議なのですが、私を見る目が変わっているのです。体験前に私を見ていた目と、体験後のそれとでは、なんというか……「この人は私たちよりも凄いのかもしれない」というような顔つきになります。その時の学生さんたちは衣服やテキスタイルを学ぶ学生たちだったので、「衣服作りや布作りの基本中の基本ができない」という実感に繋がったのかもしれませんし「手で仕事ができない自分」という単純なことに気がついたのかもしれません。「手仕事は強い」と思った瞬間でした。

眞田塾と私

二〇〇三年、私はかつて大学や学校で教えた卒業生たちを集めて眞田塾を設立しました。目的は次世代のアーティスト、デザイナーの無償支援による育成です。塾生には、アシスタントとして展覧会やプロジェクトづくりを経験させたり、作品発表の機会を与えるなどして支援をしています。友人で先輩である先生方は、無償であるにも関わらず時間を割き塾の講師として協力してくださり、またアクシスギャラリーの方々も発表の場の協力をしてくださって、ここまで続けてくることができました。もともとは、二〇〇三年に桑沢デザイン研究所を卒業した男子三名がきっかけでした。彼らは「卒業後も作品制作がしたい」という希望を持っていましたが、就職先も決めないまま卒業することになりました。そこで、もしも卒業の一年後にどこかへ就職したいと思った場合にも、「一年間何もしていませんでした」というのではなく「一年間、制作活動をしていました」というのであれば、履歴を提出する際も就職に多少でも有利になるだろう、そんな気持から支援をすることを決めました。しかし……しかしです。卒業した大の男三名を抱えるということは、始めてみるとこれがまた大変なのです。人の三倍は食べる年頃だし、精神活動よりも体力活動が得意という年頃でもあります。どこへ連れてゆくにも一緒に仕事をするにも、私自身のパワーが必要でした。また一年間の研究活動の成果を展覧会という場で作品発表するのを目標に据えたのですが、その制作を指導するのがこれまた苛酷なのです。若い人を叱るとは、これほど体力と精神力を必要とするものなのかと、この眞田塾で初めて実感しました。教育の場にいて若い人と接していると、伝えたいことがなかなか通じず、もどかしく辛い日々を送ることもあります。しかし、彼ら、彼女らに出会えて良かったなと感謝する日も少なくありません。教育者という立場に立ったからこそ出会える感動も沢山あるのだと気がつき始めています。そして彼らが独立して自分の生き方をしているであろう十五年先、二十年先、彼らがどんな仕事をし、どんな人になっているだろうかと思うとそれも楽しみです。

「眞田塾」展：アクシスギャラリー

寄稿　〝観察〟からのデザイン

内田　繁　インテリアデザイナー／桑沢デザイン研究所・所長

眞田岳彦さんは私の後輩です。桑沢デザイン研究所で学び、今日最も活躍するデザイナーの一人です。こうした彼のデザイン活動を一望してみると、桑沢デザイン研究所の教育の精神が生きているように感じます。それはまさに、桑沢の教育は何であったかを垣間見ることができます。

桑沢で最も大切にした教育は〝観察〟でした。人間を観察し、社会を観察し、自然を観察することです。そして何か疑問を感じたならばそれらを深く考察することでした。こうした日々の行為がものとことの本質を知ることになります。こうした態度は桑沢デザイン研究所の卒業生に多く見られる特性です。かつての倉俣史朗、そして浅葉克己、吉岡徳仁、眞田岳彦にも感じられます。そして私自身もそうしてきました。

デザイン教育には［広義な教育］と［狭義な教育］とがあります。［広義な教育］とはデザインとは何か……を考える教育です。デザインとは、この地球上で人が健全に暮らしていくための方法を考え、それらに具体的な形を与え、その仕組みを作りだすことだと思います。それは、人が共に生きていくための方法、「共同生」の構築であり、限られた地球をいかに継続的に使うかといった「自然との共生」を考察することでもあり、なによりも「人間」が人間の尊厳をもって生きることができるか、生きるとは何か……を考えるものだと思います。

デザインとは人間・社会・自然など人間を取り巻くすべての要素を結びつけ社会に実際性を与える、行為だと言えます。そしてその目的は人々の幸福のためのもの……です。しかしひとたび人々の幸福のためと考えたときから、さまざまな難しい問題が浮かび上がります。人は何をもって幸福と言えるのか……。このことが［デザインの命題］となります。そのためには、まず人間とは何か……、生きるとは何か……を考えなくてはなりません。

人間とはすべて同じではありません。地域、民族には文化の固有性というものがあります。そしてそれぞれに固有の思考というものがあります。しかしたとえ異なっていたとしても共にくらすということはどうすれば良いのかを考えるのがデザインです。

さらに人は一日あるいは一年という時間のなかをさまざまに生きています。人が生きるということは、日常的時間、脱日常的時間、超日常的時間という異なった時間をそれぞれの状況に合わせて生きています。デザインとは時間をつくる行為だとも言えます。

そして人の思考には記憶というものが大きく作用します。そこには個人的記憶、集団的、文化的記憶、そして前文化的記憶というものがあります。そうしたなかで人々は思考し、行動します。

このように、人とは何か……を考えることは、さまざまな角度から考えなくてはなりません。もしデザインが人々の幸福のためにあるとしたならば、まず［人間を観察］することから出発しなければならないと私は思っています。

内田 繁（うちだ　しげる）
1943年横浜生まれ。桑沢デザイン研究所所長。毎日デザイン賞、芸術選奨文部大臣賞等受賞。紫綬褒章受章。メトロポリタン美術館、モントリオール美術館等に永久コレクション多数。日本を代表するデザイナーとして家具、工業デザインから地域開発にいたる幅広い作品で国際的評価を受ける。また、世界各国での講演、国際コンペティションの審査、ミラノ、NY、ソウル等での展覧会、世界のデザイナーの参加するデザイン企画のディレクションなど、つねにその活動が新しい時代の潮流を刺激し続けている。代表作に神戸ファッション美術館、オリエンタルホテル広島などがある。著書に『インテリアと日本人』（晶文社）、『普通のデザイン』（工作舎）など多数。

第8章

生命を感覚する

sense of life

寄稿　進化の始まり（Beginning of an Evolution）

片岡真実　森美術館チーフ・キュレーター

二十世紀の最も重要なアーティストのひとりヨーゼフ・ボイスは、一九四三年、第二次大戦中の飛行機事故の際、タタール人が身体にバターを塗り、フェルトの毛布で身体を包んでくれたことで救われた。その後、フェルトで包まれたピアノ（一九六六年）、自身のスーツから仕立てられたフェルト・スーツ（一九七〇年）など、フェルトは単なる身体的な暖かさの象徴ではなく、「精神的、発展的な暖かさ、あるいは進化の始まり」*として頻繁に使われた。フェルトは脂肪と一緒に使われて彫刻に温度を与え、また身体の保護、皮膚感覚、内と外の境界線といった概念を喚起して人間の生命そのものを考えさせる。それが他者とのコミュニケーションを通して広い社会と繋がって行くこと。それをボイスは「進化の始まり」と言ったのではないだろうか。

眞田岳彦の仕事にも〝発展的な暖かさ〟がある。一九九三年にグリーンランドでイヌイットの文化に触れた眞田は、まさに根源的、原初的な生命、生存を意識した。その体験に触発され、羊毛、獣毛、絹など原毛を丹念に編み上げる、あるいはフェルト化することでできる彼の造形は、そのミニマルなフォルムゆえに、素材そのものの持つ温度やそこから派生する根源的な命へと見る者の意識を誘う。しばしば観客が作品に触れることを許容しているのも、皮膚感覚によって喚起される想像力のためである。一九九〇年以降のインターネット時代、従来の精神性を意味する非物質的な世界観ではなく、皮膚感覚を伴わない仮想の世界がわれわれの生活を占有し始めている。それに対抗する物質的、身体的な感覚、あるいはそれを通した生命の実感。現代もまた「進化の始まり」を求めている。

*Excerpted from a 1970 interview with Joseph Beuys by Jörg Schellman and Bernd Klüser as reprinted in Joseph Beuys: The Multiples（Cambridge, Mass., Minneapolis, and Munich / New York: Harvard University Art Museums, Walker Art Center, and Edition Schellmann, 1997）.

片岡真実（かたおか　まみ）
ニッセイ基礎研究所にて官民の文化事業に携わった後、1998年から2002年まで東京オペラシティアートギャラリー・チーフキュレーター。「宮島達男」展、「出会い」展、「JAM：東京ーロンドン」展などを企画。森美術館にて2003年よりシニア・キュレーター、2009年より現職。「六本木クロッシング2004」、「小沢剛」展、「笑い展」、「アイ・ウェイウェイ展」などを企画。2007年6月よりロンドンのヘイワード・ギャラリー、インターナショナル・キュレーター兼務。「UJINO and THE ROTATORS」、「Walking in My Mind」展等を企画。

感覚するアートから感覚するデザインへ

私にとって、造形作品を作るということは、自己を再確認し、自己を探求する作業でもあります。これまで、大きな作品から手のひらに乗るものまで、多様な形態の作品を作り続けてきました。それらは、身体を象徴した衣服形態であったり、一見、衣服に見えないような繊維の塊であったり、平面、または、糸を巻いただけのものであったりもします。しかし、私にとっては、どれもが衣服なのです。「衣服とは何か」を問い続けてきた私にとって、衣服が人を包む形態をしている必要はありません。もちろん、デザインとしての衣服をつくる場合には、それなりの形態や機能を考えて制作します。デザインは、用途を持つことで成立する領域であると考えており、そのための形態の制約は有り得ると思っています。しかし、現代のアートやデザインにおいて最も重要なことは、作り手が何を考えて、何を探求し、何を問い掛けるのか、その考えと深さ、そして、制作者としての理念だと思います。私が行っている造形作品としての衣服作りは、ある意味とてもパーソナルな仕事なのかもしれません。自分自身のため、あるいは、自分への挑みでもあります。自分の内面と対話を重ね、自分自身と立ち向かうことで、新しい学びや、異なる気づきを得る、そうすることで、他者に対する問い掛けも、産業デザインへの展開も、物を通しての対話もできるのだと思います。自分自身の内部を探り、物事を考え、調べ、そして考察して生まれたコンセプトが、自分の手を通して何かの素材と出会い、形となるのです。そして、自分の中から生まれ出た〝何か〟を、造形作品やデザインプロダクト、そしてフィールド・プロジェクトや、エデュケーションとして、人に伝えるための物や事に置き換え、多くの人に手渡してゆきたいと思っています。

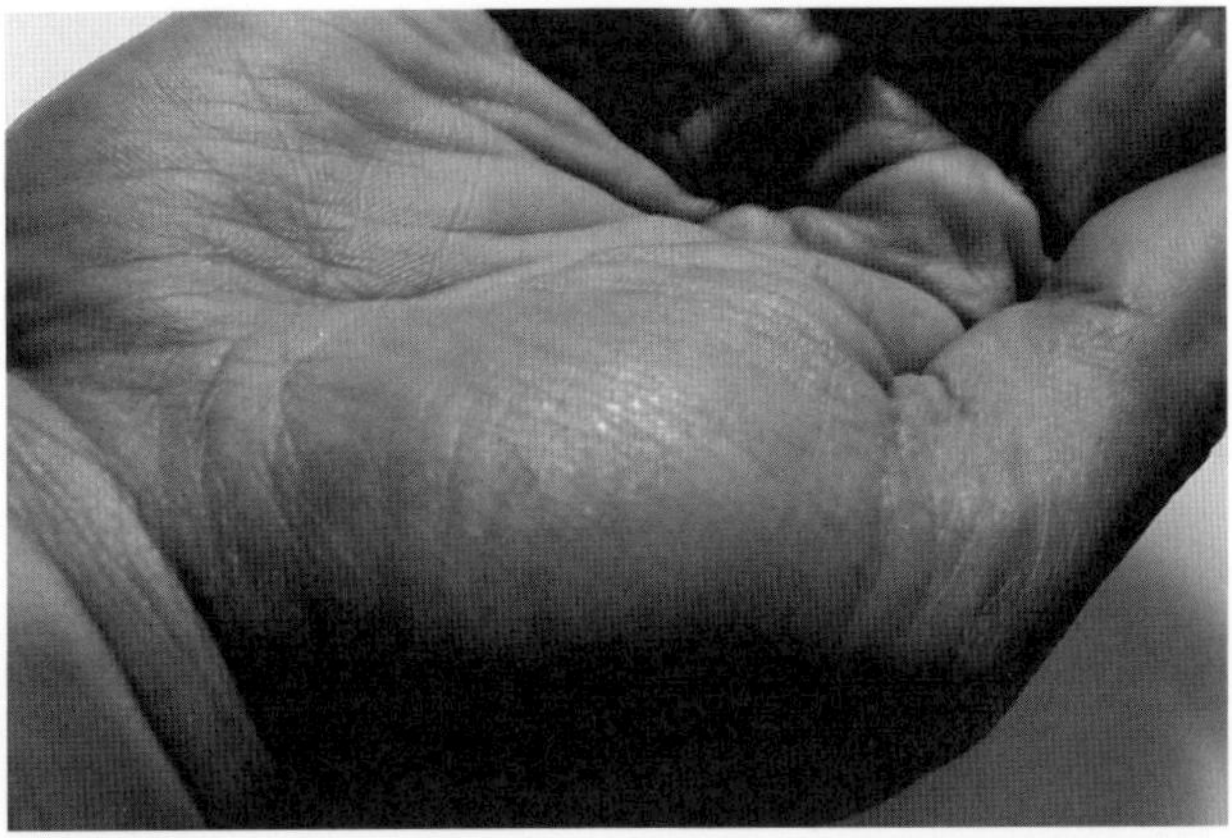

眞田岳彦の手

制作の先には

制作を始めて以来、いつも「生命」というテーマを持ち続けてきました。制作を続けてきた中で思うようになったことがあります。一瞬一瞬に得ることができる豊かな心、その一瞬こそ自分自身の生命を感じ得る瞬間ではないかということです。そして私は、自分自身の生命を感じ得る「心が満ちる感覚や豊かと感じる瞬間」を多く作り出し、感覚、体験、理解することで、生命という私自身でありながら、解き明かされない私という生命を解き明かしたいと思うようになりました。もしも「辛い」ということについて研究している学者がいたとしたら、その学者は、まず辛い味を持った塩や唐辛子などを媒体にして、人が辛いと感じる要素を並べたり消去したりしながらデータを集めてゆくのだと思います。そして、そのデータから「辛い」という感覚を分析し、「辛い味」は人間にどんな影響を及ぼすかなどを説明してゆくのではないでしょうか。私が造形し、プロジェクトをするのもそれに似ている気がします。様々な「生命」を知り、生命を育んだ環境や、生命が育んできた文化を知り、「生命とは何か」を探しているのだと思います。自分がなぜ「生命」というテーマで制作を続けるのか、時々立ち止まって考えます。単純に「知りたいから」というのもひとつの理由ですが、私のこの探求によって人や社会に良いきっかけを提供できればと思うのも大きな理由のひとつです。私が作り出す物や事に関わることで、誰かが生き生きと豊かな瞬間を得ることができ、生命が満ちる感覚を得ることができるなら嬉しいと思っています。生き生きとしている瞬間、楽しいと感じている瞬間、心が満ちていると感じる瞬間、その瞬間にこそ、自分が自分の生命を感じ得る瞬間があるのではないかと思います。意識を超えた身体の感覚で自分の生命を感じることのできる瞬間、そのようなものを作り出したくて私は作品を作っているのだと思います。これが私の活動であり、役割であるように感じていますし、その手段というか、メディアとなるものが、私には衣服であり繊維なのです。

遷移　「あの生まれ出るような感覚」

何かを人に伝える方法は、沢山あるような気がします。私も衣服や繊維の造形物に置き換えていろいろ伝えたいと思っています。

二〇〇八年にギャルリー東京ユマニテで行った展覧会では、生命とはどのようなものなのかを伝えてみたいと思いました。しかし、正直なところ、私にもまだ生命が何であるのか具体的にはわかってはいません。たぶん一生かけてもわかる日は来ないのではないかと思います。しかし、わからないとしても伝えられるのではないかと思ったある体験をしました。そして、その体験で感じたことを科学ではどのように説明されているのか調べてみたのです。私は作品を制作する際、必ず調べものをします。化学や物理、心理学や哲学などなどいろいろなジャンルに足を踏み入れて知識や理解の方法を探すのです。それは、地図のない旅に出かけるような作業となります。最初はいつものように、いろいろなサイズや複雑な形態、変わった素材などを考えて悩んで、もがきます。しかし何回も検討しなおしているうちに、次第に不要なものはそぎ落とされ、でき上がってみれば、最初に作ろうとしていたものとはかなり違ったシンプルなものになっています。物を作るということはマイナスをするということだと、作業をするたびに感じます。この展覧会では、生命から生み出された繊維を素材にして、その繊維が持っていた生命の感覚を、再度甦らせて他者に伝えるような作品にしたいと考えました。そして原料となる原繊維から糸を紡ぎだし「巻いた」のです。「巻く」という作業をしながら、身体を再構成しているようにも感じました。生物は繊維質から構成されていますが、身体から繊維を剥がしてバラバラにしてみれば、もう生物ではなく物体に変化してしまうように思います。例えば海で泳いでいた魚も、そのままの姿だとまだ生命を感じますが、切り身となって食卓に置かれてしまえば、生命があったことも忘れさられ、単なる食する物として捉えられてしまいます。しかし、その切り身を再度何らかの方法で「ひとかたまり」に戻すことができたら、見え方はまた違ってくるかもしれません。私は繊維を束ね、巻いてゆき、少しずつ塊にしてゆきました。塊にすることで、その生命が持っていた生命感をより強く顕にしてゆくような気がしたのです。人の手の感覚では認識できないほど細い繊維もありますが、手を加えることで人が触覚できるものへと変えることもできます。このことによって、私が伝えたかったことを作品化することができると考えました。繊維を糸にしてほつれない状態を作り、そしてその糸を、ひたすら巻き重ねてゆきます。そこにはその繊維だけしかなく、ほかの何者も入り込むことはできません。ただし、巻いている私の命は手を伝わり繊維に浸透し、繊維は私の生命に染められてゆきます。もちろん色がつくわけでもなく、何かで染めるのでもありません。私の体温が、ただひたすらその繊維に遷移して、その繊維の中に浸透してゆくのです。そして私の生命が含まれた糸は、命を持つものと似た、あるいは命を持つものと同じ、感触や質感を持つようになるのです。巻いてできたその形も、私の意思が働いてできたものではなく手が作り出した自然な形です。その瞬間その瞬間に手が巻くことを選び、巻く位置や、巻く強さを手が自然に選びとりながら巻いてゆく、それは私の手を伝って私の生命が、繊維へ立体へと遷移してゆくことなのだと思います。そして、繊維の持ち主であった生物の生命感と相まって、作品は、新しい感触や温かさや目には見えない何かを宿すのだと思います。

「遷移」：ギャルリー東京ユマニテ

「生命とはなにか」いくつかの側面から考察を重ねる

〈1〉身体の内側から生命を探る

コンセプトノート「遷移」① 『生命を移す』
触覚的温感
2008年

生物は吸光(きゅうこう)し“いのち”を得、光を放射(バイオフォトン)し、変化し続ける。身体が光(光エネルギー)を吸収し、身体(物質)は励起され、“いのち”(励起状態)が生まれるのである。人間の平均体温は約36℃。この温度と同等な、光(電磁波長)=遠赤外線を身体に与えると身体を構成する分子が共振し活発化する。(共振現象は振動遷移により行われる)人の命(個々特有のエネルギー値)が、手を伝わり他者に移るとしたら、それは、意識以前に起こる物質としての、身体にエネルギーが遷移*する振動遷移と言えるのだと思う。それは、振動遷移 = 共振が、それら身体・生命間で行われる“いのち”(エネルギー)の共有が生まれ、より生き生きとした豊かな“いのち“の充足を得ることになると考える。
* 遷移(せんい)とは、何らかの対象(物)が、ある状態から別の状態へ移ること。

〈触れる作品〉 触れる作品とは、手感 : 触感 : 触れる : 皮膚感覚 : 身体感覚 : 触れる感触を言い、五感を通した認識を生むものを言う。ここで言う、触れるとは、振動遷移を言い、それは命が励起すること、または共振現象による体温の上昇をもたらすことを指す。作品により体温の上昇を促すことで人に感情的安堵感を与えることも大切な条件となる。それは、体温の上昇に伴う、人の感情的安堵感を与えることも大切な過程となる。そして、その安堵感が満ちてゆくことが、ある者とある者の、“いのち”が共有されることになるのだと思う。

〈素材〉 鑑賞者にいのちの感覚を移すことができる素材は多い。その中でも、体温と同じくらいの熱感覚や心的な安堵感などを与えるものとしては、繊維類が最善である。

〈必要条件〉 色 : 光 = 白 = いのちが励起される = 作品を触り体温が同じかそれ以上となり暖かくなる。

コンセプトノート
「遷移」②『手』
2008年

私には、生まれた時から十歳になる頃まで面倒をみてくれたお手伝いの〝おばさん〟がいた。私が生まれた時、産湯に入れてくれた写真が今も手元にある。物心ついた時から、いつも家に帰ると〝おばさん〟がいた。私にとっては家族同然で家にいるのが当たり前だったが、私が十歳ぐらいの時、私の世話もそれほどいらなくなってきたので、〝おばさん〟は我が家を去っていった。それから三十五年が過ぎた昨日（二〇〇八年三月三日）、ある病院にいる九七歳になった〝おばさん〟に会いに行った。夕刻四時前に訪ねて再会した〝おばさん〟は、私が思い描いていた〝おばさん〟像とは、大きく異なり昔の記憶を失っていた。髪は白髪で短く、手首は胸の前で曲がり、左足もうまく真っ直ぐには伸ばせないようであった。しかし、健康そうで、心豊かな顔つきをしていて、優しい目は三十五年前と変わらずに私の眼に注がれていた。しかし、私のことも同行した母のことも、昔の出来事も覚えておらず、私が誰なのかも認識できないようだった。母は〝おばさん〟に色々話しかけ、我が家のこと、私のこと、生まれた時から面倒を見てくれたことなど話したが、〝おばさん〟は、聞き入るのみでどこか遠くの出来事を聞くように、ただ笑顔でいた。そして少し経つと、「そうですか、お世話になったんですね。お世話になったんですね」と繰り返し言う。母は「違いますよ。こちらがお世話になったんですよ。ありがとう」と言い、私も「ありがとう」と言った。また、色々話すうちにおばさんは、「そうですか、縁深いんですね」と言う。母も「そうなんですよ、縁深いんですよ」と答えた。すると〝おばさん〟は、また「お世話になったんですね」と言い、母は「違います。こちらがお世話になったんですよ」と続ける。この「縁深いんですね」という言葉と、「お世話になったんですね」という言葉は、その後何回も〝おばさん〟の口から繰り返された。私は、〝おばさん〟の腕を何回か撫でて、手を握った。〝おばさん〟は、思いもよらず私の手を握り返してきた。その手には力があり、引っ張るように握り返してきた。私は、記憶がない〝おばさん〟の中の、意識しない〝おばさん〟が、私に何かを伝えているのだと思った。そうして三回ぐらい手を握った。最後に「もう疲れたでしょう」と母が言い、看護士さんが車椅子を押してくれることになり、私と〝おばさん〟しか気づかない手の力、手放したくないとでも言うように握っていた手の力を、私は手放すように解いた。その思いは私の心には残った。そして、〝おばさん〟を抱きしめることもできなかった私の戸惑いは、今も心に残る。手の感触……。別れてからも私の手には、〝おばさん〟の暖かい感触が残り続けた。人はよくこんなぬくもりの話をするが私自身が感じたのは初めての出来事だったと思う。人のぬくもり、静かなジンジンとしたような温かい息遣い、生きる感触、それが私の手に残り、今も思い出すことができる。私は、子どもの頃にお世話になった祖父、祖母、父、母、伯父や親類のことを思い出すと、とても申し訳ない気持ちがする。彼らが一生懸命に世話をしてくれたのに、私はあまりそれを記憶すらしていなく、そのひとつも返すことができていないと気づくからだろうか。祖父や祖母はすでにいなくなっているからもう返す術はない。生まれた時からずっと、子どもの私を一生懸命に見てくれた〝おばさん〟にも、「申しわけありません」という気持ちで一杯になる。本当に申し訳ないのだ。自分が知らない自分を世話をしてくれた人。記憶にはない自分を育んでくれた人。感謝の言葉よりも深いところに彼らへの思いがあるような気持ちに気づく。人は人を育んでゆく。人は多くの人にお世話になり、生きてゆく。記憶を失った〝おばさん〟が言う「お世話になりました」「縁深い」という言葉は、意識以前の、人の本当の心の声とも取れた。「縁深いんですね……お世話になりました」という感覚。感謝という感覚。それは、日常に簡単に使う「お世話になる」「感謝する」という言葉とは異なる言葉としてあるような気がした。そして、〝いのち〟とは、〝おばさん〟の手から私の手へ伝わった、あの生まれ出るような感覚、そんなことを言うのかもしれないと思う。

コンセプトノート「連感ー想像が生命を与える」
脳、感覚
2005年

生物の表皮は、生命の存在を連感させる。人は、あることばを聞いたり、ある物を見たりしたとき、それに関連のあることばや、ことがらを思い浮かべる。それは、外部からのなんらかの価値ある情報（アフォーダンス）による刺激に対して意識下の経験・思想・意見・願望などが現れたある感情、感覚をひき起こしたり、ある考えを浮かべたりするのである。
「連感」したとは、私が、外部の刺激を受けて反応し、物事にふれて起こる心の動き、感じ、気持ちであり、生命を生み出すことを可能にする。
……生物が地球に現れ、数億年がたち現在の僕たちが、ここにいる。近年、人の発生を探るテレビ番組や、恐竜、または、古生代の地球の有様を再現する書籍や絵柄、または、博物館に展示される骨や化石など多くのものが身近に見られるようになった。しかし、ある日、僕は、さも有り気に描かれた恐竜の皮膚の表情や色、または、海中を泳ぐ生物や、再現されたコンピューターグラフィックスによる活動の様子などを不思議に思い始めた。本当にその生物はいたのか。それは、恐竜ばかりではなく、僕自身についても同じことが言えると思った。僕は、今、ここにいる。と自分では考えている。しかし、僕を知る人が誰もいなくなったとき、例えば、僕が死に、僕のことを知る人も死んでしまう200年後には、僕は、いたことになるのか……。生物の生きた証は、もしかしたら何も無いのかも知れない。その生物はいたかもしれない。いなかったかもしれない。存在（生きている）・不在（生きていない）とは、そんなことでもあるように感じた。ならば、存在（生きている）という現象を作り出すことができるような気がした……

コンセプトノート「衝／動」
視覚的触感
2003年

何かを見て、「触れたい」と思う瞬間がある。

触感の衝動とは、思わず手を差し伸べてしまう意識できない感情である。

それは、身体の欲求、無意識の欲求、私の欲求であり、身体の感覚を呼び覚ます何かの力が、我々を突き動かすのである。行動は、無意識から発せられ、それを充足させる為に起こる手段である。思考しない間、制御のない間に手を伸ばす衝動行為とは、無意識のうちに意識される領域の出来事であり、身体と精神の両領域に重なる。


衝動、それは、私の身体をコントロールする「生命」と呼ばれる、私である。

コンセプトノート「仮想のマテリアル」
クオリア
2005年

生命とはなにか。

マテリアルが物質を包み、仮想を生み出し、新たな生命を生む。

手から作り出される作品やマテリアルは、人の感情や数量化できない心を感覚（クオリア）させ、触発し、新たな生命を生み出す。

人が作り出すマテリアルは、クオリアを通した脳内での感覚により、五感では感覚しえない「生命」の存在を可能とする。

コンセプトノート「人光 309 ± 10」
光線
2003 年

人の身体は、平均体温摂氏 36 度前後を保ち、生命が維持されている。摂氏 36 度とは、すべての粒子が停止する絶対温度（-273°C）として換算すると、309K になる。言い換えれば、人の身体は、すべてが停止する温度から 309K というレベルの前後 10K という範囲でしか、生命を維持できないということになる。
温度とは、電磁波の波長の差異であり、言い換えればエネルギーの強さを言う。309K を基本とした±10K のエネルギー（光）は、身体で受け止められるが、それ以上でも以下でも、身体の許容範囲を超えてしまい、受容器としての身体に合致しなくなり、身体機能は失われることになる。

つまりは、309K ±10K のエネルギー（光）が、「生命」である。

コンセプトノート「上から下」
磁波
1999 年

生命、生物、鉱物、物質すべては、電磁波の波長の差異からなるという。私達生物は、自分自身で意識できない地球の両極から発せられる磁力により生まれるプラスとマイナスの電磁波に全身を覆われ、弱電流により身体を動かし、活動を可能としている。生命＝身体を操縦するモノは、地球内部から上空に向かい発せられ、大きな円を画くように人の頭上方向から再び地底に向かい循環している。生物の身体を操縦している生命とは、我々の身体を突き抜け、地球へと向かう円環運動をしている。

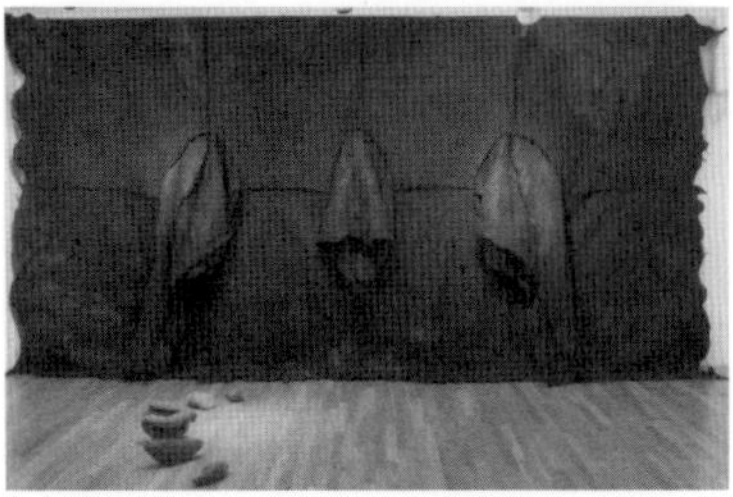

第9章

考える衣服　衣服×造形

clothing × concept

衣服を考えると？

衣服とは何だろう。そんなことは多くの人はあまり考えないものだと、最初の章で書きました。本当にそう思いますし、特に考えなくてもいいのだと思っています。ここまでいろいろと書いてきましたが、それは私の仕事の仕方や生き方のようなものであり、その中で「衣服とは何か」または「衣服とは、私にとって何を意味するのか」ということも関係しているだけなのかもしれません。

「衣服」とは「イ」と「フ」と「ク」という音がひとつになったもので、ある地域の人にのみ理解可能な音記号として、ほんの一握りの人々がある物体をイメージするという、それだけのことなのかもしれません。そう考えると、実に面白いことに気づきます。私たち日本人が、「私たち」とイメージすることも、実は、イギリス人が、「we are」とイメージすることとは、異なるのではないか。また、日本人同士でも「私」という言葉を聞いて思い浮かべるイメージは、必ずしも一緒ではなく、多分、皆それぞれに違う「私」を想像しているのであろう、ということです。そう考えると、社会とはとても〝ゆるく〟できているような気がします。そして、その〝ゆるさ〟が、実は人と人を繋ぎ、事と事を繋いでゆく、とても大切な「間合い」なのではないかと思います。

一〇年以上前に「身体と生命の際」という展覧会を行いました。その時に、「際」という言葉を色々調べて、とても面白い言葉であることがわかりました。「際」とは、向こうとこちらの明確な区切りがないにもかかわらず、日本人はその言葉の意味を理解しているというのです。「波打ち際」「引き際」「往生際」、どの際にも、はっきりとした境界線はありません。また、クオリアを説明するときにもよく言われることですが、「甘い」、とか、「辛い」という感覚は、同じ感覚を持っているという確

「内に外に」：エキジビション・スペース

実な確認がまったくなされていないにも関わらず、私たちは「甘いね」「うん、本当に甘い」と同意し合っています。人は皆それぞれに異なる感覚を持っているはずなのに、皆が同じことを感じているという錯覚から共同体であるかのような親近感を生んでもゆくのです。そう考えると、「衣服とは何か」と考えた時も百人が百人とも異なる見方、考え方で衣服を理解しているのではないかと思います。つまり「衣服」とは「衣服」という確固たる定義はなく、それぞれの人のうちに「衣装」があるということです。そして、まさしく、身体と衣服の間にできる「ゆるい空間」や、身体と外界との狭間にできる「ゆるい間合い」のようなものを「衣服」と呼ぶのかもしれません。人が着るものを、人は衣服として感じているのではなく、ここで言う「間合い」とは、人が何かを着た時に生まれる自分との関係、もしくは、外部から見られる際の自分のいつでも変容できる架空の姿、それを人は「衣服」という言葉で表してきたのかもしれないということでもあります。人は、布や、シャツ、ワンピースと言われる着るもの自体を衣服として認識しているのではなく、自分がそれら何かを着た時の感覚や、誰か他者から見られている時の自分の姿、何かを着ることで表現したい自分のイメージ、そのようなものを衣服として認識してきたのかもしれません。

アートとデザインのゆるい関係

アートとデザインという領域も、同じように「ゆるい関係」で重なるかも知れないと思っています。「アート」と「デザイン」という言葉の意味や領域は、現実的には異なりますし役割が違うと思っています。しかし、それは「際」という言葉と同じで、どこからがアートで、どこからがデザインであるとは誰にも明確には言えないのだと思います。重なる部分もあり、まったく重ならない部分もある。だからこそが面白いとも言えます。もしかすると物事はすべて「際」で接しているのかもしれないし、「際」しかないのかもしれません。では、人はどうでしょうか。「ワタシとアナタは別々の身体を持つ別々の人間なのだから、境界ははっきりしているじゃないか」と思うかもしれません。たしかに、人の筋肉も内臓もすべてが身体の皮膚の輪郭の内部に納まっています。しかし、自分の後ろから人が近づいてくると、気配を感じたりはしませんか？それは、自分の背中から外部へも身体的感覚が広がっているということで、身体の外部にも「自分」というものが広がっているのだと思います。また、眠っている時や、無意識という状態の時、または、他の場所や過去や未来に思いを馳せる時、自分自身とは、一体どこにいるのでしょうか。もしかしたら、自分自身は、身体の内部に納まっているのではなく、身体が拡張した外部の空間に在るのかもしれません。そんな感覚を持ったことは、誰にでもあるのではないでしょうか。人の輪郭や、人の存在も、実は明解に区切ることはできなく、「際」という曖昧な、他とのゆるい関係の上に成り立っているのだと思います。アートとデザインの領域の違いを言い表し、区別することもできますが、こうした物作りの領域は、厳密に区切る必要がないのではないかと考えています。双方の極限の両端では、役割や産業形態、流通など価値観が異なる部分がありますが、アートとデザイン領域の境界付近では、お互いがお互いの部分を共有するものが多く存在するのだと思います。色で例えるならば、グラデーションのようなことであり、音で例えるならば、フェイドイン・フェイドアウトのような関係になるのだと思います。アートもデザインも重なる部分から成り立っており、その重なる部分からどちらの方向に仕事が拡張してゆくかで、その作り手の専門領域が成り立っているのかもしれま

「プレファブ・コート D.I.S」
アクシスギャラリー
撮影 Nacása&partners

せん。アートとデザインの間には、「際」という発想と同じ、区切ることのできない曖昧なゆるい関係、心地よい関係があるのだと思っています。

気候風土と衣服の造形

人は生物です。生物は気候風土の中で育まれます。地球上には、緯度経度の差で無数の気候風土があり、そこにはそれぞれに特有の生き物が生息しています。仕事というものも、生物と同じであると思います。気候風土が異なる地域では、異なる生物が生まれ、異なる地域では異なる仕事が必要とされるのではないでしょうか。もちろん異なる地域にも、似た生物がいるように、似た仕事も存在しますが、気候風土や歴史、文化が違えば、まったく同じではなくなるはずです。日本の「着物」は、ヨーロッパの衣服とは異なる発達をしてきました。見てわかるように、着物はほぼ形態が決まっていますが、欧州の衣服はそうではなく、多様な形態をしていてそこに大きな意味もあります。着物は形態が同じぶん素材が注目され、布の独自性がその着物の特殊性を作り出しています。つまり、日本の衣服とは、布づくりが中心なのです。いかに布を作るかが重要となり、そのため、繊維や糸の縒り、染め織り刺繍などが駆使されてきました。そして、一反の反物のどこをどのパーツに使うかだいたい決まっていて、柄もそれをふまえて染められています。しかしヨーロッパの衣服は、カットワークとかカット&ソーというように、身体に合わせて布をカットして、接ぎあわせて形づくられてゆきます。布がもつ力も重要ですが、それ以上に、カットの仕方、縫製の仕方、芯地やいせ込みなどの立体的な加工の手法が重要です。言い方を変えれば、日本の衣服は身体を衣服に合わせ、ヨーロッパの衣服は身体に衣服を合わせて作ったと言っていいのかもしれません。日本には昔から「染織家」という仕事がありますが、「衣服家」という仕事は近年になってからできたものだと思います。ヨーロッパでは昔から、布を作るテキスタイルデザイナーと形を考えるデザイナーがいました。現在の日本のファッション産業は、このヨーロッパと同じような分業で成り立っています。しかし、海外とは異なる日本の衣服が生まれるためには、日本の気候風土や、日本人が培ってきた制作の方法を基本に持つ衣服領域を構成してゆかねばならないと感じます。そこで、海外の衣服制作とは異なる「布を形作る」という、布や繊維から衣服へ造形してゆくというあり方が、ひとつの可能性になってくるのだと考えています。私の衣服造形も、この日本の衣服の延長線上に描いて行きたいと思っています。

考える衣服

「考える衣服」とは、これまでの衣服の概念から越境できるコンセプチュアル・クロージング（Conceptual clothing）という新しい領域から生まれてゆく衣服だと考えています。

ファッションデザインの世界には、「リアル・クローズ」という言葉があり、一般的には、街で着ることを第一の目的とした衣服を指しています。私が目指してきたのは、それとは別の「コンセプチュアル・クロージング」という領域の衣服です。「コンセプチュアル・クロージング」を日本語にすると「概念的衣服」となりますが、私は「衣服造形」という言葉で捉え制作してきました。

「コンセプチュアル・クロージング」とは、二十世紀が作り上げてきたデザインやアー

作業風景

トやクラフトの枠を越えた衣服、用途を最優先するのではなく作家の思想を優先させた衣服です。また、衣服の領域を越え、様々な他領域へと越境できる衣服でもあります。中世ヨーロッパで暮らしの用具としての目的を持っていたクラフトがファインアートへの広がりを見せ、コンセプチュアル・アートを生んだように、衣服も、より作家性を持ち、より作り手の考察を含んだメディアとして成長を続けています。

「コンセプチュアル・クロージング」が「リアル・クローズ」と大きく異なるのは、受け取る側が「消費者」ではないというところかもしれません。私の場合は、衣服を観て感じていただくために展覧会も行い、また、伝統織維再考プロジェクトを開催するなどして、衣服に関わる様々な「物」と「事」を提供しています。これらを受け取る方々は、少なくとも「消費者」ではありません。時には、私の共同制作者となる場合もあります。どんな作品やプロジェクトにおいても、私の「衣服造形」に触れた方々の心が、少しでも豊かなものになればと願っています。

二十世紀が求めてきたのが、美しさや機能を追求する衣服ならば、二十一世紀が求めているのは、人を育む衣服なのではないかと思っています。私が考える「コンセプチュアル・クロージング」は、織り上げられた一枚の大きな布のような存在です。繊維、地域、人など有形のものを「縦糸」とし、そして、思想、伝統、時代、教育など無形のものを「横糸」として、様々な色彩や模様を織り上げた布です。この大きな布が、国や思想の違いなど様々な境界線を包み込み、人や社会は、これまでの概念から一歩外へ踏み出すことができるのだと思っています。

類人猿は道具を使い始めたことで、種の枠を一歩踏み越えて人間へと進化し、歩き始めました。

では、衣服が考えを持つことで、人はどんな進化を遂げるのでしょうか。

これまでの衣服は、「人を包み、守る」という役割を持っていましたが、「考える衣服」は、「人の心を開き、人を育む」という役割を担っています。人は衣服を考えることで、これまでの概念から開放され、人と人を隔ててきた国や思想などの境界を越えて、ひとりひとりにとっての本当の豊かさを手に入れるのだと考えています。

あとがき

アートもデザインも、もともとは物を形作ることが最終目的ではなく、人が豊かに生きるための道具やきっかけとして作られていたのではないかと思います。「人が豊かな心を得るために物がデザインされ事になり、人に活用されてゆく」「物とは、物の制作が最終目的ではなく、人が暮らしをたてるための素材として人が手にすることが目的であったのではないか」ということです。二十世紀は、多くの国や地域でハードとしての物が人の生活には必要とされていました。そしてその目的に沿うためのデザインが制作されて、市場へと、人へと手渡されてきました。そして二十一世紀になり、もちろんハードとしての物が必要とされる場合もありますが、私たちは新たに、ソフトとしての物を必要とするようになってきているのだと思います。心の充足や豊かさを実感するための物や事、豊かな心を得る為の素材としてのアート作品やデザイン商品が、日本をはじめ欧米の国々でも求められています。そこで必要とされるのは、アート作品もデザイン商品も完成品ではなく半製品です。受け取る側が自分の手によって完成させる物、受け取る側にとって何かのきっかけになるような物です。この半製品が人に手渡されたり、アート的な体験を通してその半製品が物から事へと変化してゆくことで、それぞれの人が必要とする完成品になります。今、こうしたものが必要とされ、浸透してゆく時代へと変化しているのだろうと感じています。私の場合は、自分自身の手仕事から生まれるアート作品をデザインとして企業に提供する、あるいは、デザインの手法を地方自治体との地域振興プロジェクトに活かすなど、アートとデザインを交差させながら、大きくわけると四つの衣服制作活動を行ってきました。

■地域　地域の資源再発見　＋　企業、自治体等　（伝統・気候風土の再発見のプロジェクト活動）
■社会　社会に発信　＋　美術館・ギャラリー、先端繊維企業等　（アート、哲学、心理、医療との作品制作）
■人　次世代の育成　＋　教育機関・ＮＰＯ、私塾等　（アート、デザインの教育支援）
■産業　地域資源の経済的活用　＋　企業、地方産業、産業組合等　（伝統・伝統芸能、環境からのデザイン化）

私の活動の場が、時にファインアートのギャラリーであったり、時に自治体の施設や企業であったりと様々であるため、「眞田はデザイナーなのか、アーティストなのか」と尋ねられることが少なくありません。衣服造形家の仕事をひとことで言うのは難しいのですが、このような言い方もできます。「衣服や繊維や布をメディアとしてアートをデザインする」「アートを人に伝えるデザイン活動」「物をデザインして事を起こす、文化（アート）と人（社会）のパイプをデザインする」「何かをデザインして終わるのではなく、デザインにより地域、社会、人が再発見をする機会を作り出す」「物をデザインして物を販売するのではなく、物をデザインして事を作り人を活かす」。

人にとって必要な物事は、時代や環境とともに変化していきます。そして、時代は常に変化し続けています。しかし、どのような時代においても、衣服は人が生きる際にとても身近な物としてあります。つまり、いつの時代であっても、私たち衣服を作り出す者は、社会へ送り出す際の大きな責任と、制作者としてのしっかりとした理念が求められているということだとも思います。その意味でも、これからもしっかり前を向き、多くの人や社会に豊かな心を生み出すための物や事つくりを、多くの人と関わりながら行ってゆきたいと願っています。

最後になりましたが、この本を出版するにあたり多くの方にお世話になりました。お忙しい中、寄稿をしてくださった内田繁先生、柏木博先生、信原幸弘先生、藤森和美先生、岡副真吾さん、髙辻ひろみさん、片岡真実さんには、心より感謝し御礼申しあげます。デザインをしてくださった八十島博明さんには、学生時代からのお付き合いだったこともあり、様々な面で助けていただきました。写真掲載を快諾してくださった写真家の方々、編集を担当してくれた志岐奈津子さん、私の研究所の永井俊平君にも感謝しています。皆様に支えられてできたこの本が、少しでも多くの方に読んでいただけるよう願っております。

眞田岳彦

二〇〇九年　三月

activity

活動

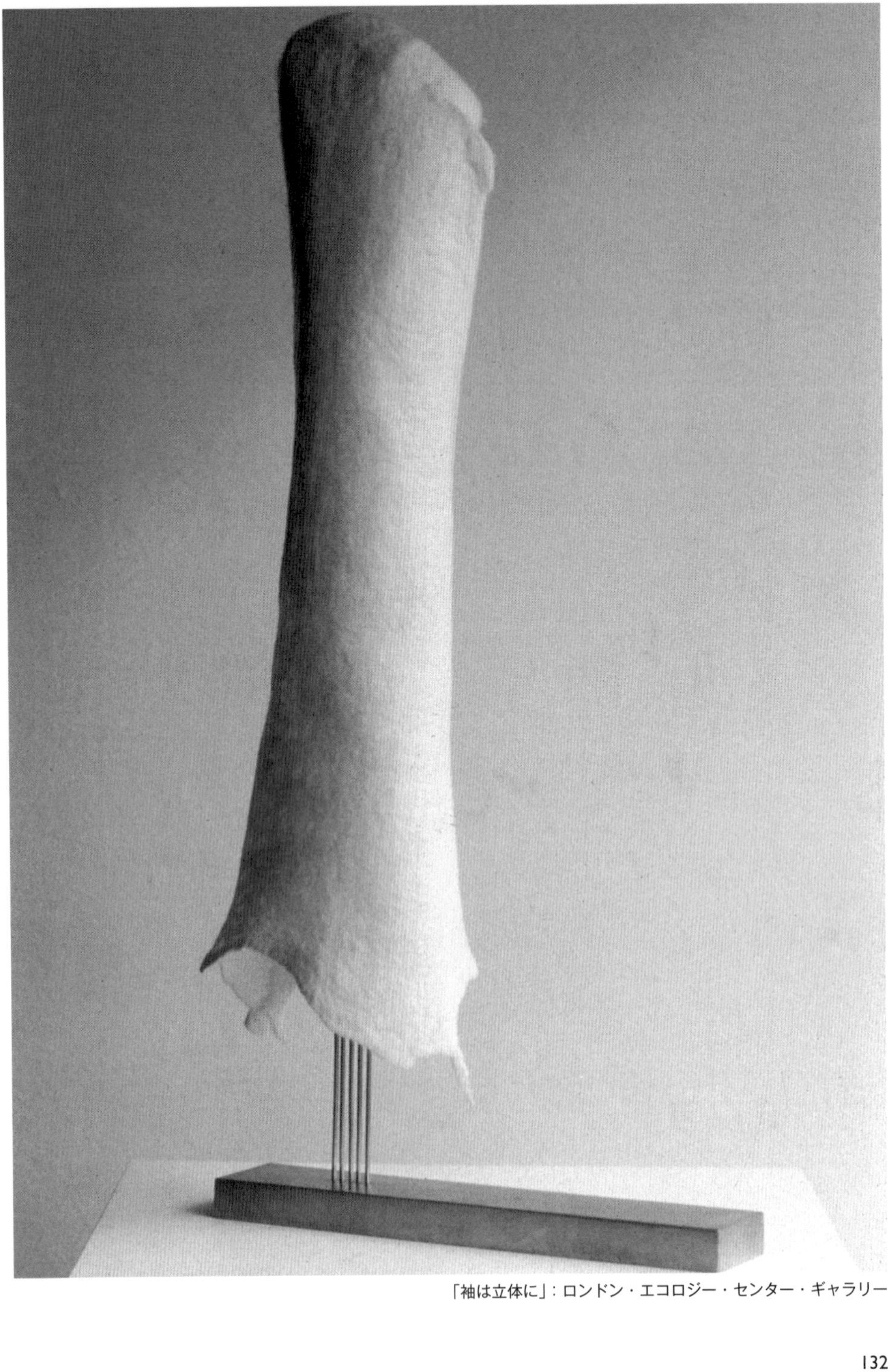

「袖は立体に」：ロンドン・エコロジー・センター・ギャラリー

眞田岳彦 TAKEHIKO SANADA

衣服造形家　Clothing designer/Artist
眞田造形研究所代表、女子美術大学特任教授、眞田塾主宰
愛知県立芸術大学、東北芸術工科大学美術科、
武蔵野美術大学空間演出デザイン学科、
桑沢デザイン研究所総合デザイン科などにて非常勤講師

1962	東京都生まれ
1985	桑沢デザイン研究所研究科卒業
1985-'92	ISSEY MIYAKE INC. 勤務
1992-'95	英国滞在、美術、造形技術を学ぶ （'93 北極圏グリーンランド滞在）
'94-'95	ロンドンにスタジオを持つ
'94	英国人彫刻家 Richard Deacon の助手を務める
1995	東京にスタジオを設立し独立
2001-	女子美術大学特任助教授（'07 より特任教授）
2002-	眞田造形研究所有限会社設立
2003-	眞田塾設立

主な活動

1994

展覧会・プロジェクト

■「アースワーズ」ロンドン・エコロジー・センター・ギャラリー〈ロンドン〉
作品：Trees 木（脊椎動物、無脊椎動物、植物）、いつの日か、通り過ぎる、せせらぎの音、私はここ、根、草原の音、草原からの風、袖は立体に

1995

展覧会・プロジェクト

■「ゼム・アンド・アス」リッソン・ギャラリー〈ロンドン〉
（リチャード・ディーコンとトーマス シュッテ展にパートナーシップとして作品を制作）
作品：立体フェルト作品
■「オープン・ハウス」ケトルズ・ヤード〈ケンブリッジ〉
（リチャード・ディーコンのパートナーシップとして作品を制作）
作品：立体フェルト作品
■「第 31 回亜細亜現代美術展」東京都美術館〈東京〉、石川県立美術館〈石川〉、上海美術館〈上海、中国〉
作品：袖は立体に
■「デザインフォーラム '95」松屋銀座・日本デザインコミッティー〈東京〉
作品：根

「包まれた外部」展示風景：デザインギャラリー　撮影 Nacása&partners

1996

展覧会・プロジェクト

■「眞田岳彦展」ギャラリー山口〈東京〉

作品：内包する者のために No.1-4、内在する物のため No.1-3、蛹、同じ音を聞く者のために、内面は外面へとつづく

日本で初めての個展となったこの展覧会では、現在のベースとなるような、衣服形態と、繊維立体造形物の作品を制作展示。「包むもの：包まれるもの」という生命や身体、私の存在・不在などを考察するコンセプトのもと英国産羊毛を素材として制作した。

1997

展覧会・プロジェクト

■「タッチング　ポルトガル・日本現代美術展」佐賀町エキジビット・スペース〈東京〉

作品：左から右

佐賀町エキジビット・スペースは、学生時代からの憧れの場であった。そのディレクターであった小池一子さんから声をかけていただいた展覧会である。「私の存在とは、私に至るまでの生命が途切れることのなかった証である」とコンセプトをたて、日本産の原羊毛から糸を紡ぎだし、編み、全長 100 メートルに及ぶニット作品を制作。衣服が河の流れのように連なるっているが、作品 1 枚 1 枚を重ねてゆくと人の形態となる。

■「記憶」デザインギャラリー〈東京〉

作品：包まれた外部 No.1-6

インテリアデザイナー内田繁さんがサポートをしてくださり、開催に至った展覧会。会場は銀座の松屋内にある日本デザインコミッティーのギャラリー。「生物体とは、浮遊する記憶のようなものが皮膚という編み地のような曖昧な一枚の面に包まれた状態をいう」というコンセプトのもと、原羊毛から糸を紡ぎ制作した。ニットの皮膚に包まれた骨格 6 体が、空間にたたずむ。

「身体と生命のキワ / 際」展：エキジビション・スペース

1998

展覧会・プロジェクト

■「身体と生命のキワ／際」フォーラムアートショップ内エキジビション・スペース〈東京〉

作品：聴く／話す、二つの穴、手と手、内包する者のためにNo.16-20、リビング・イン・ファイバー記憶A・B、外は内に

東京国際フォーラム内にあるこのギャラリーは、多くの人との出会いを与えてもくれた大切な展覧会でもあった。「皮膚は外部のものを浸透させ、内部のものを発散させる。皮膚は私と他者を隔絶するものではなく、人と人は区切られていない」というコンセプトから展開され、内面から外面へ続く、表面と裏面を同時に見せるフェルト製のジャケットや、光や空気が自由に行き来するニットの衣服、大形のフェルト作品などを制作した。

■「インサイド・フォー・アウトサイド」マゼー・ギャラリー〈オランダ〉

作品：リビング・イン・ファイバーNo.3-8

ジュエリーアーティストとの展覧会として、ジュエリー作品と衣服が、ガラスの壁と高い天井をもつギャラリーに展示された。出品した作品は、リビング・イン・ファイバーシリーズをはじめニット作品など。リビング・イン・ファイバーシリーズは、皮膚のように記憶とともに皺を刻み時を刻む作品。使用者がそれぞれの体型にあわせて皺をつけて着用するシルクの衣服である。

衣裳

■宮本亜門ダンス公演の衣裳制作　天王州アイル〈東京〉

3つの演目構成からなる衣装制作

ダンス衣裳の制作は、作品ともファッションとも異なる、楽しく、豊かな仕事の領域であった。多くの試行錯誤と、多くの方々の協力によって制作を進めた。

「海は身体の中に」：有鄰館（塩蔵）

1999

展覧会・プロジェクト

■「Mutation 突然変異：新井淳一／眞田岳彦」展　有鄰館〈群馬〉

作品：海は身体の内に

桐生市は織維の街として古くから栄えてきた。展覧会場は、江戸時代から続く商家の蔵を改装してアートスペースとした場所。塩、醤油、味噌などをはじめとして用途と大きさが異なる蔵が今も残されている。展覧会は、新井淳一さんとの 2 人展として開催され、眞田は「人間は海水と同じ塩分を体内に有する。私たちは自分自身で大海を体内に保持している」というコンセプトにより、身体を象徴した大きなフェルトの衣服を江戸時代につくられた塩蔵に展示。衣服には 3 トンの塩、砂、海水を詰めた。その他、醤油蔵などにも作品を設置。

■「インパクト 3 '99」ギャルリー東京ユマニテ〈東京〉

作品：耳から耳、上から下、内包する物のために No.5-10

ギャルリー東京ユマニテがシリーズで続けてきた展覧会で 3 名の作家が作品を展示。ここでは「地球から発する波長などの目に見えないエネルギーが宇宙へと向かい放たれ、そして再度、地上に向かい降り注ぎ、人の身体に宿るエネルギーを生命と呼ぶものかもしれない」というコンセプトをたて、ギャラリーの壁一面を多い尽くすフェルトの作品を制作。

■「パーソナル・アーキテクチャー」デザインギャラリー〈東京〉

作品：パーソナル・アーキテクチャー No.1-3

プレファブ・コートシリーズの先がけとなる、先端技術の繊維を素材に制作した作品展。「20 世紀の社会問題に衣服やデザインは何ができるのか」というテーマのもと、考察を重ね制作。

講演・シンポジウム

■シンポジウム／柏木博・新井淳一・ヤマザキミノリ・眞田岳彦　有鄰館〈群馬〉

■ワークショップ「羊からの贈りもの」（Wool in Wool 2001）小岩井農場〈岩手〉

「前・後」：小岩井農場

2000

展覧会・プロジェクト

■「VIVA20C　20 世紀の物質と映像のデザイン展」
主催：日本デザインコミッティー　松屋銀座〈東京〉

■「Field Project in KOIWAI 眞田岳彦展」（Wool in Wool 2000）小岩井農場〈岩手〉
作品：前・後

フィールド・プロジェクトの第一弾として 3 年の準備期間を経て開催された。盛岡周辺にはホームスパンと言う伝統織維が息づき、現在も工房で制作されている。また、主催である小岩井農牧は、明治初期から羊の輸入や名馬の育成、そして社会貢献をしてきた企業である。この地で生まれ育った羊の毛を使い、地域の人々と行ったいくつもの企画と眞田の作品を通して、伝統や文化、日本人のアイデンティティの再考の機会をつくり出した。小岩井農場に 10 トンの土を持ち込み、大地に 9 つの小山を作り、牧草を植え、9 着のフェルト製衣服で覆った。それらは、この地を 100 年以上前に開墾して切り開いてきた人々の歴史をテーマとしたもので、「人、穀物、建物、動物、道具、水、植物、土壌、記憶」を象徴して制作した。

■「リビング・イン・ファイバー」フォーラムアートショップ内エキジビション・スペース〈東京〉
作品：リビング・イン・ファイバー（リミテッドエディション）記憶 No.1-8、紫から赤 No.1-10

ワークショップ

■「ファイブ・センス」ワークショップと展示　平塚市美術館〈神奈川〉
作品：内は外

「五感を通して自分を探る」という目的を据えてワークショップを行った。その際に、参加者が身体で実体験できる作品として「この作品により外と内の概念から解き放たれる」というコンセプトのもと、ドーム状の衣服を制作。鑑賞者は、膜（テント）と繋がる衣服（コート）を着用し、膜の内部へと入る。するとコートの後がドームから続いているために、参加者が着ているコートは引っ張られながら脱げてゆく。ドームに入ることで外に着ていたコートがひっくり返り内側となるという形態を作り出した。

「プレファブ・コート B.L」展示風景：国際デザインセンター

2001

展覧会・プロジェクト

■「E-12」カナダ・ハリファクス展はじめ各地巡回後、2001年には、駐日カナダ大使館ギャラリー〈東京〉、国際デザインセンター〈名古屋〉を巡回した。

作品：プレファブ・コート

「21世の処方箋としてデザインに何ができるのか」という柏木博さんらの問いかけに、デザイナーと、シンカーと呼ばれる評論家、哲学者などが手を携え、これまでとは異なる新たな環境を構成する試みを行った。眞田は「個としての私を解放することができた時、新たな環境、新たな自分を獲得することができる。身体を象徴するコートを開き、繋いでゆくことで、人を覆う家やドームそして大きな環境となり新たな思考を生み出す」という思索から作品を制作。国際デザインセンターでは高さ7メートルにも及ぶ展示を行なった。

■「Field Project in KOIWAI 眞田岳彦展」（Wool in Wool 2001）小岩井農場まきば園彩林館〈岩手〉

作品：人生の長さ

小岩井で産出される羊毛を紡ぎ、作品を制作。コンセプトは「人には、時間的、生命の長さと言うものがあるとすれば、それは、人を覆う自分自身の糸のようなものとして捉えることが出来るかもしれない」。いくつもの糸玉を作り、人の形態を編み、制作をした。

講演・シンポジウム

■講演／カナディアン・クラフト・ミュージアム〈バンクーバー〉

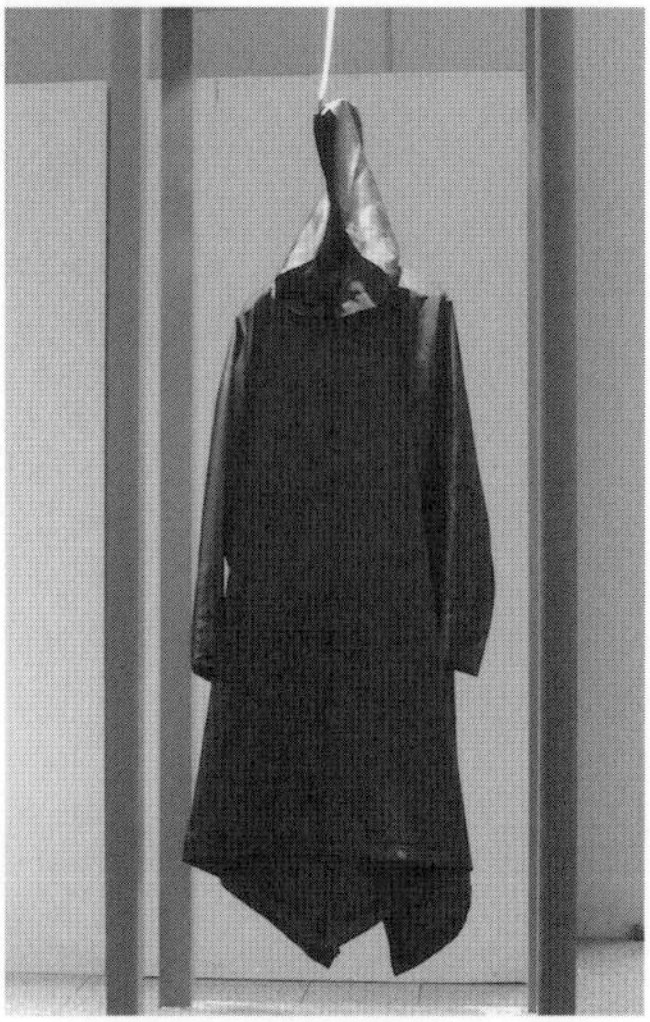

「光の際」：メゾンエルメス 8F フォーラム

2002

展覧会・プロジェクト

■「Field Project in KOIWAI 眞田岳彦展」（Wool in Wool 2002）小岩井農場まきば園彩林館〈岩手〉
作品：包布
■「振動を宿すもの」メゾンエルメス 8F フォーラム〈東京〉
作品：光の際
会場は、高さ約 7m、横約 25m の空間からなり、そこに「人の身体的な回廊空間として、鑑賞者が身体の内側から体験するような場を作り出したい」との思いから、80 枚を超える衣服を繋ぎ合わせ、光の空間を会場に展開させた。人の生命とは、およそ 100 年に満たない時間、身体の内部に留まる日光のような視覚できないモノを指すと捉え、大きなニットを縮絨し、細かい孔が無数にある布を制作して皮膚の象徴とした。生物の身体のように不均一な開口部を無数にもち、遮蔽しながらも光を通す「孔をもつ際」から外光が降り注ぎ、空間は光が充満する場となった。

同時展示作品：線は集まり、線に戻る、一頭の羊

■「開封・ブレイク・ザ・シール」 ギャルリー東京ユマニテ〈東京〉
作品：開封ー内＝外、上＝下、表＝裏
この世界は「男・女」「正・誤」「裏・表」など二元的に捉えられるものではない。時に開き、時に包むニットの衣服は、両義的一元性を象徴する。

同時展示作品：一頭の羊

講演・シンポジウム

■対談／北川フラム・眞田岳彦　メゾンエルメス 8F フォーラム〈東京〉

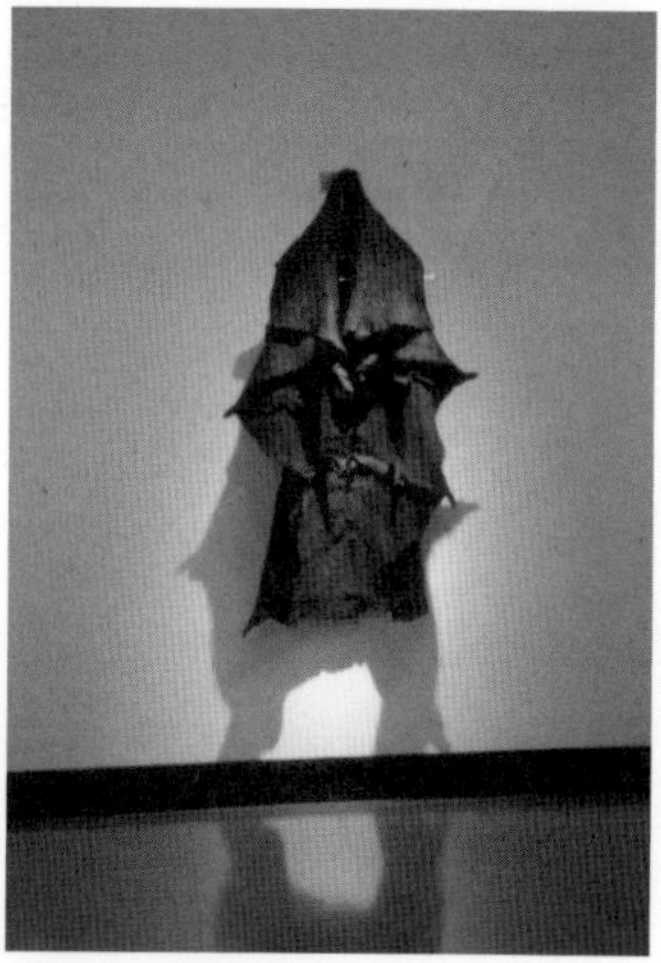

「いとぬの」展 展示風景：群馬県立近代美術館

2003

展覧会・プロジェクト

■「いとぬの」群馬県立近代美術館〈群馬〉

作品：人光 309 ± 10（46 作品より構成）

生命とは、エネルギーであり、身体を維持する体温に適合しなければならない。温度がエネルギーであるならば、身体が生命を維持できる体温から考えて、309K ± 10K のエネルギーが「生命」であるとも言える。私たちに見えない生命とは、私たちが生きる環境空間にある 309K ± 10K のエネルギーが身体に満ちた時に生まれる。作品は、白い衣服作品を繋ぎあわせて、光を宿す身体として制作した。

■「大地の芸術祭 越後妻有アートトリエンナーレ 2003」十日町市博物館遺跡ひろば〈新潟〉

作品：境・環（20 作品より構成）

人は気候風土の元でそれぞれの環境に沿いながら生きてきた。人の生命は環境とも言え、環境は生命とも言える。古来この地域で産出されてきた苧麻という植物を使い、身体の象徴である衣服を編み、木枠に繋ぎ合わせ、人も空気も光も出入りできる空間を作り出した。この地域の気候風土と人の関わりを表し、環境と人の生命の関係を提示する作品として制作した。

■「Field Project in KOIWAI　小岩井ウール＋眞田岳彦＋ホームスパン展」（Wool in Wool 2003）

小岩井農場まきば園　彩林館〈岩手〉（地場産業のホームスパン工房とのコラボレーションにより制作）

作品：ウールシード小岩井

■「富草の席」（フィールド・プロジェクト稲穂）大山千枚田〈千葉〉・日本料理 An〈東京〉

作品：富草の席（トビのせき）

昔の日本では、稲穂を富める草として富草（とみくさ）と呼んだとも聞く。稲穂は、数千年に及び、日本人にとり精神と身体を培う神聖なものとして伝えられてきた。いうなれば日本人の生命とも言える。その日本人の衣食住をはじめ、文化や精神も支え続けてきた稲藁により作品を制作し、同時に稲穂の実（米）をいただいた。衣食が織り成す空間を作り出すことで、私達の生命を再考する試みを行った。

ワークショップ

■「稔りを編む」パブリックプログラム「アート＋ライス」森美術館〈東京〉

講演・シンポジウム

■対談／山本益博・眞田岳彦　森美術館〈東京〉

プロデュース

■「眞田塾展　第一回」ギャラリーなつか〈東京〉

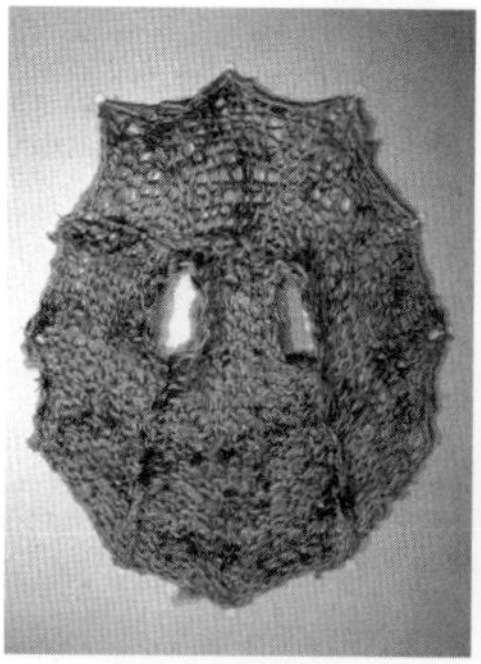

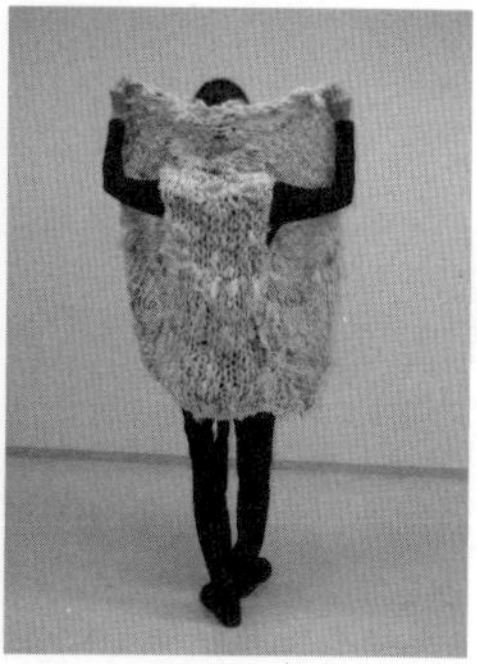

「衝／動」：森美術館

2004

展覧会・プロジェクト

■「六本木クロッシング」森美術館〈東京〉
作品：衝／動
生命は、私達の中にも、空間にもある。しかし、どのような時に、どのような方法で感じることができるのか。身体の内部から生命を探り出す作品となった。人には意識と無意識があると言われる。無意識という時に人は我に返る。言い換えれば、無意識の際に自分自身の生命を純粋に感覚することができる。ならば、物を見たり聞いたりした際に、意識するよりも脳でおこる「衝動」という知覚反応は、私たち人が自分自身の生命を感じ得ることができる瞬間ではないのだろうか。そのような考えから「衝動、それは、私の身体をコントロールする『生命』と呼ばれる私である」というコンセプトをたて、「触れたい」という衝動を喚起させるような、視覚的触感を刺激する作品を制作した。
■「the space between」カーティン・ユニバーシティ・オブ・テクノロジー（パース、オーストラリア）
作品：光の際（81 作品より構成）
■「フィールド・プロジェクト、コミュニティー・コミュニケーション GINZA 2004」
女子美術大学・銀座西並木通り会共催〈東京〉
作品：プレファブ・コート COM.COM
フィールド・プロジェクトとプレファブ・コート作品が交差してこのプロジェクトとなった。日本の美術は銀座の人や街により育まれてきた。そして、そこで暮らしをたてる人と、そこで育まれる人（美大生、アーティスト）が集うことで、日本人の美術、地域の心、そして美術を通した日本人の生命感を見直し、新たな世代へのきっかけとなることを目指し、産学官をつなぎ、豊かな心と美術と人の出会いを作り出した。企画は、銀座西並木通りの街路灯に吊るす衣服形態のフラッグを制作することから始まり、銀座の小学生や美術学生、一般参加者がデザインした画像をプリントし、大きな交流を生んだ。
■「衣服の領域 On conceptual clothing」展　武蔵野美術大学　美術資料図書館展示室〈東京〉
作品：左から右（4 作品より構成）

ワークショップ

■ワークショップ「wool Life」＋作品展示　ハラミュージアムアーク〈群馬〉
関連展示作品：ハララサウルス（連感 No.1）

講演・シンポジウム

■対談／柏木博・石渡健文・眞田岳彦　アップルストア銀座〈東京〉

「仮想のマテリアル：連感」No.1 〈造形作品から衣服デザインへの展開〉：ギャラリー ル・ベイン

2005

展覧会・プロジェクト

■「Knit 2 Together」クラフト・カウンシル他〈ロンドン〉
作品：一頭の羊
■「第5回国際タペストリー・テキスタイル・アート・トリエンナーレ・エキジビション」
トゥルネー市織物博物館、トゥルネーの教会〈トゥルネー、ベルギー〉
作品：人光 （46作品より構成）
群馬県立近代美術館で制作をした作品を、400年前に建てられた教会で展示。この教会には、多くの人々の願いや希望が満ちている。眞田は、ステンドグラスの正面に作品を設置。正午になると白いフェルトの衣服は光に満ちる瞬間を迎え、この地域に暮らす人々の祈りと、生命を再考する作品となった。
■「衣服の領域 」展　鹿児島県霧島アートの森〈鹿児島〉
作品：左から右（4作品より構成）
■「仮想のマテリアル」ギャラリー ル・ベイン〈東京〉
作品：仮想のマテリアル（5作品より構成）
生命とは、確かな存在としてあると言うよりも、人が想像することや、クオリアのように感覚することに似ているのかもしれないと考えた。「古代の生物は、現代の人は誰も見た者はいない。しかし人々は、恐竜は生きて生命を有していたと考えている。ならば、古代の動物を想像させるような仮想の皮膚を眞田が作り出し、それを見た人がこの生物がいたと感じる瞬間に生命は存在する」とのコンセプトから仮想の動物の表皮を作り出した。いたかもしれない、いなかったかもしれない生物たちを造形。仮想の動物たちは鑑賞者のクオリアにより生命を吹き込まれる。
■「プレファブ・コート」展　アクシスギャラリー〈東京〉
プレファブ・コート A.X（80作品より構成）
新潟中越地震をきっかけに、心理や精神とデザインについて深く考察を始めた。このプレファブ・コートでは、PTSDの緩和や、生き生きする心の回復などを考察しながら、精神科医、哲学者などとの対話により心のための衣服作品を制作した。デザインは心のために何ができるかを問うた。
■「丸の内（稲穂）デザイン・プロジェクト」丸ビル（三菱地所ビルマネジメント）〈東京〉

ワークショップ

■ワークショップ「信原幸宏（哲学者）×眞田岳彦」
（プレファブ・コート展）アクシスギャラリー〈東京〉

講演・シンポジウム

■対談／茂木健一郎×眞田岳彦　ギャラリー ル・ベイン〈東京〉
■対談／塚本由晴×眞田岳彦　アクシスギャラリー〈東京〉

プロデュース

■眞田塾展 '05「今・現時点・この瞬間…」
ギャラリー・ルデコ〈東京〉

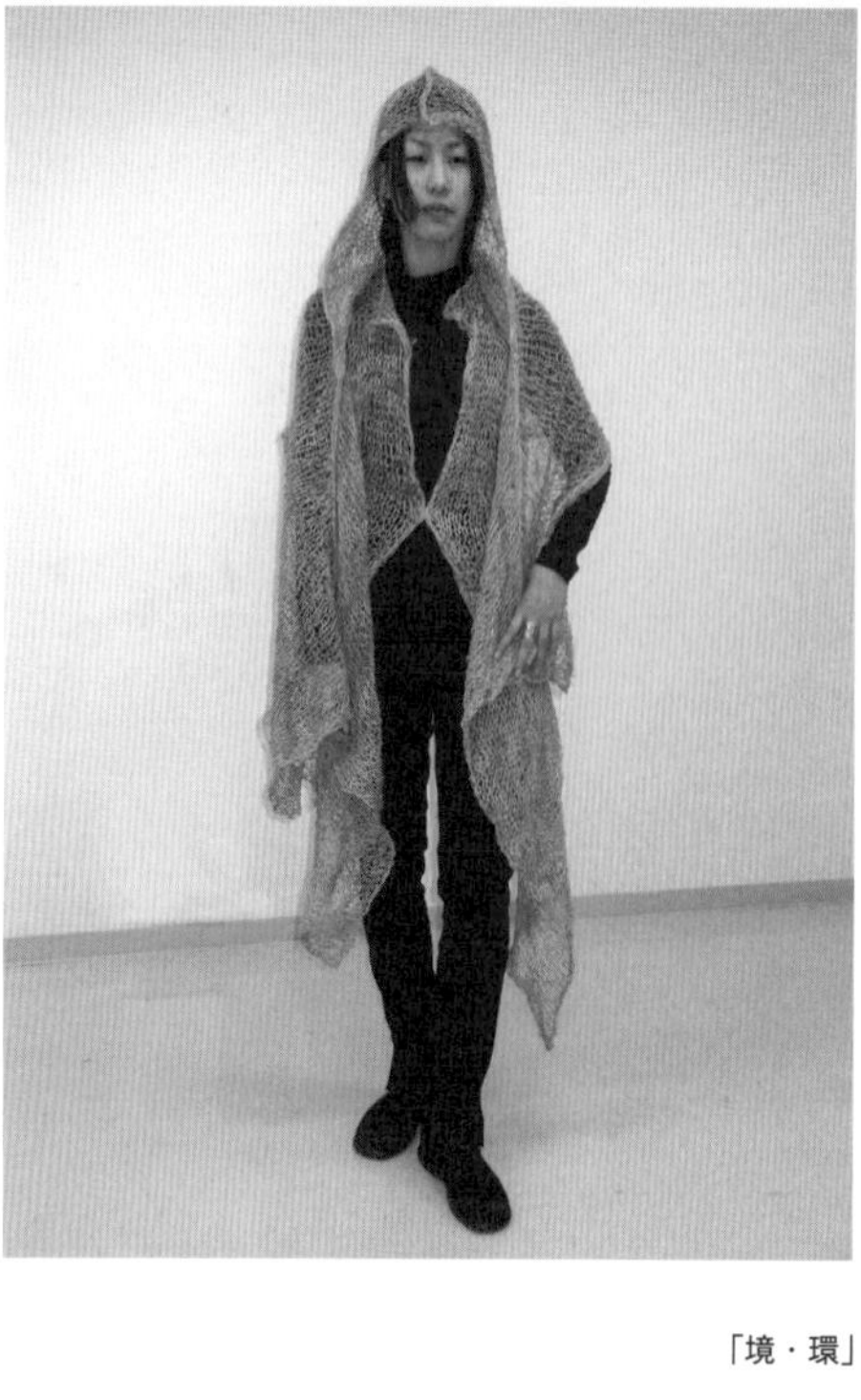

「ココ・ロ／境・環」展示風景：横浜市民ギャラリー

「境・環」展示風景：大地の芸術祭越後妻有アートトリエンナーレ 2006

2006

展覧会・プロジェクト

■「THE RINGS Ⅱ ザ・リングⅡ -too decorative-」フォーラムアートショップ内エキジビション・スペース〈東京〉
作品：連感
アートでもありアクセサリーでもある作品を集めたグループ展。獣毛などを素材に仮想の動物たちをネックアクセサリーとして制作した。「連感」作品シリーズのひとつ。

■「越後の布プロジェクト」（大地の芸術祭越後妻有アートトリエンナーレ 2006）十日町市〈新潟〉
「アンギン体験」十日町市博物館
「越後の衣服／キモノファッションショー」
はじめ 10 企画より構成

■「時を読む布 新井淳一、熊井恭子、眞田岳彦 3 人展」有鄰館〈群馬〉
作品：プレファブ・コートシリーズ（A.X、B.L、COM.COM、D.S.L）
日本を代表するファブリック、ファイバーのアーティストとの 3 人展。かつて蔵であった場所に、これまでのプレファブ・コートシリーズを展示。

■「糸と布のかたち　ニューアート展 2006」横浜市民ギャラリー〈神奈川〉
作品：ココ・ロ／境・環 「伝わる／日本海側から・伝える／太平洋側へ」
会場のある横浜は、異国文化が伝わり、そこからさらに外へ文化を伝えてゆく街。苧麻で編まれた人の群れが海の彼方を目指す。

■「五節を装う」金田中「草」〈東京〉
作品：人日の節句（1.7-22）、上巳の節句（2.26-3.12）、端午の節句（4.23-5.7）、七夕の節句（6.25-7.9）、重陽の節句（9.24-10.8）
日本の行事を再考することで、日本人の生命感を再考した。気候風土に培われた伝統や行事には、古来人々が大切にしてきた思いや、願い、そして豊かな心がある。季節の節目である五つ節句を、「衣」と「食」で感じる試み。日本料理のテーブルセット、紙エプロンや場の設えなどをデザインした。

ワークショップ

■ワークショップ「流し雛」森ビル株式会社〈東京〉
■ワークショップ「横浜市芸術文化振興財団教育プログラム」〈神奈川〉

講演・シンポジウム

■講演／新潟県十日町織物工業協同組合〈新潟〉

プロデュース

■眞田塾展 '06「ここ・この位置・この場所…」アクシスギャラリー〈東京〉

「プレファブ・コート e.e」展示風景：桑沢ビル

2007

展覧会・プロジェクト

■「地震 EXPO」BankART studio NYK〈神奈川〉

作品：衣服の家

■「Design design 須藤玲子＋眞田岳彦」展　桑沢ビル〈東京〉

作品：プレファブ・コート“ee”

テキスタイルデザイナーの須藤玲子さんと眞田の 2 人展として行われた展覧会。須藤さんデザインによるテキスタイル。眞田は、環境と教育の問題をテーマに、プレファブ・コート“ee”を制作。環境は教育の改善により良い結果を導いてゆくであろうとの考えから「人が自然に育まれてきたという真実は、神話という形で心から心へと伝え継がれてきた」として、「環境と教育」というテーマを「神話」のモチーフを使い作品を構成。

■「いのちを守るデザイン展」世田谷文化生活情報センター生活工房〈東京〉

作品：プレファブ・コート B.L、A.X

ワークショップ

■ワークショップ「森の糸、森の巣」　森美術館〈東京〉

子供たちを対象としたワークショップ。仮想の蜘蛛たちの巣を自分が紡いだ糸でつくる。

■ワークショップ「花を纏う～花と場が一つになる～」（サマーセミナー 2007）草月会館〈東京〉

講演・シンポジウム

■講演「眞田岳彦の仕事」ダイヤモンド社企画　アカデミーヒルズ〈東京〉

■講演「裂織の未来性」／第 4 回全国裂織作品記念全国裂織協会　上野の森美術館〈東京〉、全国裂織協会京都巡回展　思文閣美術館〈京都〉

■対談／「pack unpack」パッケージデザイナー展　竹尾社〈東京〉

■講演／ YKK〈ジャカルタ、インドネシア〉

プロデュース・その他

■プロデューサー、プランナー「pack unpack」パッケージデザイナー展　竹尾社〈東京〉

■眞田塾展 '07「身体髪膚」アクシスギャラリー〈東京〉

■審査委員／第 89 回草月いけばな展「花想い」新人賞審査委員

財団法人　草月会〈東京〉

「豊潤」（マルティプルシリーズ）：世田谷文化生活情報センター生活工房

2008

展覧会・プロジェクト

■「セタガヤーンプロジェクト '08 vol.1『**庭を編**』」 世田谷文化生活情報センター生活工房〈東京〉
作品：豊潤、マルティプルシリーズ豊潤
「生命とは、心というものに似ている。もしくは、心と呼ぶものが生命とも言えると考え、生き生きとする生命とは豊かな心から育まれる」との考察から、企画テーマを「豊潤な心とは何か」とした。日常生活や家庭の中にある、誰にでも手に入れることができる豊潤な心の在り様を、世田谷区にある建物の屋上を開墾し、栽培し、収穫した棉でニット作品を制作することで多くの人々とともに考えた。

■**「フィールド・プロジェクト（稲穂）」大山千枚田〈千葉〉**

■**「あの生まれ出るような感覚 "Sense of touch"」**ギャルリー東京ユマニテ〈東京〉
作品：遷移
生命とは、生物から生物へと遷移してゆくものであると捉えた。生命とは、温度や気持ち、心など視覚できないものを指し、それが遷移することで、人の心は豊かに満ちる。羊毛、綿、絹、麻などの繊維から一本の糸を手で紡ぎ、巻くことで立体作品を制作。鑑賞者が作品に触れ、手に持ち、抱えるなどすることで、それぞれの繊維が有してきた生命と、眞田の生命が遷移する。

■「ネックピース」 ギャラリーギャラリー〈京都〉
作品：「連感」シリーズ （ウラク）

ワークショップ

■棉栽培〜糸紡ぎワークショップ（セタガヤーンプロジェクト '09 vol.2『棉の庭』）世田谷区内小中学校
■「フィールド・プロジェクト、アンギン（編衣）」十日町市〈新潟〉

プロデュース

■眞田塾展 '08「考える衣服」アクシスギャラリー〈東京〉
■「ジョシビヤーンコットン '08」ターミナルラウンジ〈東京〉

「プレファブ・コート・イネ」撮影 Taizo Tashiro

2009 (1月 – 3月)

展覧会・プロジェクト

■「WA- 現代日本のデザインと調和の精神」展〈'08 よりパリ、ブタペスト他巡回〉

作品：プレファブ・コート・イネ

新たなプレファブ・コートのシリーズとして制作した、稲と食料環境問題などをテーマとした作品。皮膚感覚が揺り起こす、遺伝情報と脳―日本人の生命に刻み込まれた稲の記憶が、五感によって蘇ると考えた。米を素材にしたコートは稲の花の花びらを模し、開いて繋げれば、稲の花が咲いたように見える。

■「セタガヤーンプロジェクト '09 vol.2『棉の庭』」世田谷文化生活情報センター生活工房〈東京〉

作品：4 企画から構成

豊かな心や生き生きした生命のために、一人一人で自分らしい豊かさを探していただきたいという願いから、世田谷区住民と小中学生に綿の苗約 1000 株を配布。収穫した綿を紡ぐワークショップを行い、完成した糸約 600 本を会場に展示して「糸の森」を作りあげた。日本の綿文化、綿産業を再考する「日本棉業博覧会」も同時開催した。

■「布で包むこころとデザイン」 熊本県伝統工芸館〈熊本〉

作品：プレファブ・コート A.X、「遷移」シリーズ

■「ジョシビヤーンコットン・プロジェクト」女子美術大学眞田研究室〈神奈川〉

■「街路ミュージアム GINZA 2009」銀座西並木通り会＋女子美術大学眞田研究室〈東京〉

ワークショップ

■ワークショップ「糸の森をつくる授業」（セタガヤーンプロジェクト '09）
世田谷文化生活情報センター生活工房〈東京〉

アートディレクション

■内野株式会社「ecolive 茶のいろ」アートディレクション

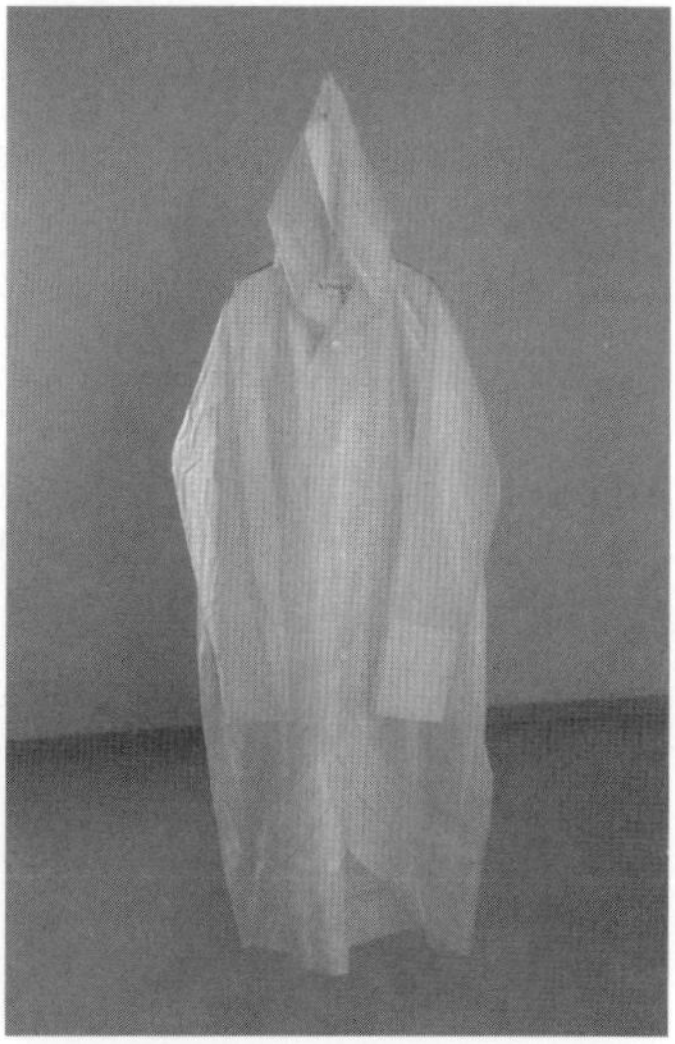

考える衣服 Conceptual Clothing
（かんがえるいふく　コンセプチュアル・クロージング）

発行日　2009年3月31日　第1版第1刷発行

著者　眞田岳彦（さなだ たけひこ）
出版助成　女子美術大学

構成・デザイン　八十島博明（GRID CO.,LTD.）
編集協力　志岐奈津子
制作進行　Sanada Studio inc.
（助手：永井俊平）

発行者　池田茂樹
発行所　株式会社スタイルノート
〒185-0012
東京都国分寺市本町2-11-5 矢野ビル505
TEL 042-329-9288　FAX 042-325-5781
E-Mail books@stylenote.co.jp
URL http://www.stylenote.co.jp/

印刷・製本　株式会社アトミ

ISBN978-4-903238-32-6

Printed in Japan